何でそれに決めたの？

ビジネスから日常まで、迷ったときのファイナンス思考

而二不二

SOGO HOREI PUBLISHING CO., LTD

はじめに

「どうして、あのとき『YES』と言わなかったんだろう」
「あそこで引き返していれば……」
「もっといい方法があったのに……」

何か物事を決めた後に、こんな後悔をしたことはないでしょうか。

私は大学卒業後に某メガバンクに入行してから28年間、地方公共団体、上場企業からベンチャー企業まで、2000社以上の資金調達や上場支援、M&A仲介の支援に携わってきました。

現在は、さまざまな場所で非定期的にセミナーも行っています。

これまで複数の企業の方々の経営に関する相談にものってきました。

そうした経験からも、非常に多くの経営者やビジネスパーソンが仕事やキャリアの重要な場面で適切な決断ができずに悩んでいると感じています。


「新規事業の企画を頼まれたけど、どんな内容にすべきかわからない」

「どこから、開業資金を集めるべきかわからない」

「今の職場で働き続けるべきか、転職するべきかわからない」


こうしたことを決める際に、多くの人が進むべき方向がわからずにつまずいてしまいます。

そうした方は、普段の生活でも、その時その時で、正しい決断（選択）ができていないことがあるように感じます。


「小学校のとき、夏休みの宿題を計画的に進められず、最終日に慌てて片付けた」

「健康診断の結果に不安を感じるが、飲み会に誘われると断れず、おまけについ食べ過ぎてしまう」
「ムダなコストが発生しているのはわかっているが、手続きが面倒なので、保険や携帯電話などの契約内容の見直しをしていない」

これらは、私自身が経験してきたことでもあります。
また、本書を手に取った方は、次のような迷いを持っているのではないでしょうか。

「老後の資金をどうやって貯めたら良いだろうか」
「スキルアップのために、何をどんな方法で学ぶべきか」
「将来のパートナーをどんな基準で選べば良いのか」

どんな場面でも、最高の決断を下すには何が必要なのでしょうか。
それは物事を決めるための「思考法」です。
私はその思考法に「ファイナンス」の理論を使うことをお勧めします。

ファイナンスは、簡単に言うと、企業のお金のやりくりをすることです。

企業を存続させるためには、将来における企業の価値を高める努力を続けなければなりません。そのために「どの事業に投資すべきか」「利益の出ていない事業をどこで打ち切るか」「今後どのような事業を展開していくべきか」などを決めます。

企業の価値やお金の話と言うと、難しく思うかもしれません。

しかし「企業の価値」を「個人の価値」と置き換えると「自分の価値を高めるために最適な決断をするための理論」ということができます。

本書ではファイナンスの理論から「考え方」の部分だけを抽出し、誰もが大切な決断の場面で実践できる「ファイナンスマインド」という形にして紹介します。

ビジネスや日常でよくある場面を例に出して実践していきますので、安心して取り組んでください。

本書では、自分にとって最高の決断を下すために必要なことを章ごとにまとめています。

①ファイナンスマインドを知る
②正しい決断（選択）ができない理由を知る
③決断までのプロセスを知る
④選択のプロセスを実践する

現在は新型コロナウイルスの影響のもと、ビジネスや生活の中で、より「選択」と「集中」の必要性が高まっているように思います。

どんな状況でも、自分にとって正しい選択ができる――。これからの時代を幸せに生きていくために、一番大切なスキルではないでしょうか。

私の周りでも、ファイナンスマインドがある人は、さまざまな分野で活躍し豊かな人生を謳歌しています。

本書をお読みになった方がファイナンスマインドを身に付け、最高の決断を重ねて自分らしく素晴らしい人生を送ることを願っています。

目次

はじめに――2

序章
「決めた理由」をちゃんと答えられますか？
●現代人は「決められない症候群」に陥っている――14
●「決められない症候群」は本人の問題とは限らない――20
●「決断力」が変われば人生が変わる――26

第1章
比べてわかる！「ファイナンスマインド」

●ファイナンスマインドとは――34
●価値を測る「モノサシ」としてお金を使うメリット――40
●そもそもファイナンスって何?――49
●「ファイナンスマインド」のキホン――60

第2章

テストでわかる！「正しい選択を邪魔するもの」

●人はなぜ「正しく」選択できないのか?――76
●原因①リスクへの認知バイアス――82
●原因②決断に関わるバイアス――96
●原因③直感――114

第3章

ケースでわかる！「選択のプロセス」〜理論編〜

●「決められない」を変える五つのステップ —— 126
●ステップ① 「あるべき姿」をしっかりイメージする —— 131
●ステップ② 選択肢をつくるための情報を集める —— 145
●ステップ③ 選択肢を用意する —— 158
●ステップ④ 選択肢の価値を評価し、決断する —— 169
●ステップ⑤ 振り返りをする —— 186

第4章

ストーリーでわかる！「選択のプロセス」〜実践編〜

● キャリアプランを考える —— 198
● 「パートナー」を考える —— 215
● ライフプランを考える —— 228
おわりに —— 236
参考文献・おすすめ参考書 —— 238

装丁・本文デザイン　藤塚尚子（e to kumi）
校正　池田研一
図表・組版　横内俊彦
編集協力　ネクストサービス　松尾昭仁

序章

「決めた理由」をちゃんと答えられますか？

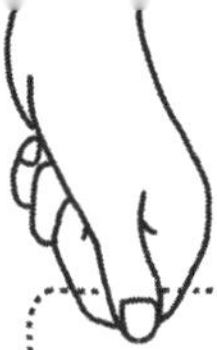

00

現代人は「決められない症候群」に陥っている

決断におけるモヤモヤの正体

突然ですが、こんなシーンを想像してみてください。

自動車の部品を製造する日本企業の営業マン。入社して15年、仕事も順調、周りの評価も高く「課長のポストに就くのも同期の中で一番乗り」と噂されています。

ある日、そんな彼に外資系自動車メーカーからヘッドハントの声がかかりました。日本支社のマーケティング部門のマネージャー職で、年収は今の収入の1・5倍になるそうです。「いつかは違う分野にチェレンジし、キャリアアップしたい」。そんな気持ちを見透かしたようなタイミングだったので、心は大きく揺れ動きます。

しかし、最近子どもが生まれて、今は妻と子ども二人の四人家族。去年住宅ローンを申し込み、新築マンションを購入したばかり。引き続きある程度安定した収入が必要です。

転職先の職務や給与の高さは魅力的です。しかし、外資系特有の仕事の厳しさや結果責任のプレッシャーの程度など、働く環境も気になります。

ここは、じっくり時間をかけて考えたいところです。しかし、残念ながらヘッドハンターへの回答期限は1週間しかありません。

さて、あなたならどうしますか。

現在のキャリアを続けた場合の生涯の収入と、転職した場合の生涯の収入を検証する。業界の情報を仕入れ、その結果を踏まえて冷静に考える。このように、十分に考え、納得したうえで決断できるでしょうか。

それとも、奥さんや今の職場の同僚にも相談できないまま一人で「どうしよう」と悩み続け、モヤモヤしたまま1週間後に電話で「今回は見送ります」と断る……なんてことにはなりませんか。

ここで、今までの人生で重要な決断をした場面を振り返ってみてください。受験や留学、就職や転職、家の購入、結婚など……。「これまで選んだ道は全て賢明だった」と納得できるなら、何も問題はありません。逆に、その後の人生を左右するような大きな決断のたびに、本心を押し殺している。いつも「今回は縁がなかったんだ」と言い聞かせて、現状維持を続けている。もしくは、そうした経験を一度でもしたことがある。

その場合は、物事の決め方を見直す必要があります。

私はコンサルティング経験や大学などでのセミナーを通して、今、非常に多くの人が「決められない症候群」に陥っていると感じています。納得のいく決断ができず、後で「やっぱり、別の方法にしておけばよかった」と、後悔する結果を招いている人が多いように思います。

決められない症候群には二つのパターンがあります。

自分の決断がこれらのパターンに陥っていないか。この機会に今までの決断を振り返ってみましょう。

「考えたつもり」になっていませんか？

まず、一つ目の「決められない症候群」のパターンを紹介します。

何かを決めるときに、多くの人は「考えたつもり」になってしまいます。この「考えたつもり」という状況がよくわかる童話があります。

イソップ童話「酸っぱいブドウ（キツネとブドウ）」です。

ある日、お腹をすかせたキツネが、木にブドウの房が垂れ下がっているのを見つけました。取ろうとしますが、なかなか届きません。

結局キツネは諦め、立ち去り際にこう言いました。

「あれはまだ熟れていない、酸っぱいブドウだ」。

ゴールにたどり着くための手段をきちんと「考える」ことと、ただどうしたらいいのかと「悩む」ことは全く異なります。**「悩む」ことは結果的には何も考えていない**

ことと同じなのです。

しっかり考えて**物事を決めることができる人は、決断に必要なことを順番に行います。**いろいろな過程をすっ飛ばして「やるか、やらないか」「AとB、どちらにするか」とすぐ決断に飛びつこうとする人は「悩む」だけで終わってしまいます。

キツネのように目の前のブドウを見上げたままウンウン悩んだ挙げ句、理由をつくって、現状維持することや諦めることを正当化していませんか。

いつも「直感」に頼っていませんか？

とはいえ、単純に現状維持や諦める以外の選択をすれば良いわけではありません。

「決められない症候群」の二つ目のパターンは、何でも直感に頼ってしまうことです。

「いろいろ考えたらよくわからなくなるから、そのときの気分で決めよう」

「決断は早い方が良いって聞くから、今すぐ決めてしまおう」

「行き当たりばったりでも、何とかなるでしょ」

その結果、直感に頼って、失敗することが多い気がする――そんなモヤモヤを抱えている人も多いのではないのでしょうか。自分の決断に納得できていないと、うまくいかなかったときに激しく後悔することになります。

また、直感や気分に従って行動する場合、ほとんどが失敗したときの計画まで立てられていません。そのため、挽回するための行動をすぐ取ることができず、良い結果を得る機会をますます逃してしまうのです。

悩んでいるうちに時間切れになったり、理由もなく決断を急いだりして、最終的に直感だけで選ぶのは運を天に任せるようなものです。

行動経済学の研究において2002年にノーベル経済学賞を受賞した米・プリンストン大学のダニエル・カーネマン名誉教授は、論理的な判断が必要な場面において、直感（速い思考）は必ずしも有効ではないことが多いと述べています。

本書を通して「悩んだ結果、現状維持」「何も考えずに直感で決める」を卒業しましょう。「後悔しない」「失敗しても次につながる」決断ができるようになれば、もっと充実した人生を送れるようになるはずです。

00

「決められない症候群」は本人の問題とは限らない

「決められない」には理由がある

だんだん耳が痛くなってきたでしょうか。

しかし、自身を責める必要はありません。**「決められない」「適当に決めてしまう」のは、決断する人の性格や気質のせいとは限らない**からです。

決断を歪める要因には、さまざまなものがあります。

主に二つの原因があげられます。それぞれ詳しく見ていきましょう。

①選択肢が多過ぎる

今は多様性の時代と言われていますね。以前よりも、さまざまな価値観が尊重されるようになったと思います。そのため、何事においても「いろいろ選べる方が良いじゃないか」と思う人もいるかもしれません。

しかし、選択肢は多ければ良いというものでもないようです。

「マジックナンバー7」という研究があります。

アメリカの認知科学者、ジョージ・ミラー氏は「人が一度聞いただけで、直後に再生できる記憶容量はどれくらいか」について調べました。その結果によると、ヒトの知覚判断には限界があり、7プラスマイナス2、つまり五〜九つのものにしか対応できず、それ以上になると知覚のエラーが発生するそうです。つまり、選択肢の数がヒトの処理能力を超えると「選べない」事態が発生してしまうというわけです。

例えば、今「明日から好きなように生きて良い」と言われたら、どうでしょう。

「新しい仕事に挑戦しようか」「いっそ独立しようか」「そもそも働くのをやめてしま

おうか」「とりあえず、どこか遊びに行きたいかも」「それよりお腹すいた」「恋人がほしい」……と、突然、目の前に無限の選択肢が広がりますね。「どうしたらいいんだろう」と、途方に暮れてしまうと思います。

「営業のスキルを生かせる職種で」「起業に充てられる資金は100万円くらい」「今の生活を続けるなら10万円の手取り収入は必要」など、ある程度制約があったほうが、自分にとってベストな選択肢はどれかを一生懸命考えるようになります。

実際のビジネスでも「予算が限られている」「期限が迫っている」「人手が決まっている」など、大抵は何らかの制約がある中で、進むべき方向を決めるものです。

何かを決める前には、状況や条件、目的などを正しく把握し、可能な選択肢を絞ってから考えることが大切です。多少制約がある方が、より適切な決断を下しやすくなります。

②決断の方法を知らない

決断に至るまでには、いくつかのプロセスが必要です。

段階的に物事を検証しないと「考えたつもり」になってしまったり、決められずに運や直感に頼ったりすることになります。

もちろん、職人技のように直感が有効な場面もあります。勘に優れ、素早い決断の結果、成功している人もいるでしょう。

ただし、正しいプロセスを踏んで決断する方法は、多くの人が実践しやすく、成功の確率が高いように思います。ビジネスからプライベートまで、幅広く活用できます。

プロセスを意識する必要もなく「ベテランの勘」が正しく働くようになるまでは、必要なことを一つずつ確かめながら決める方法をお勧めします。

自分にとって「正しい」決断ができるようになろう

①と②を解消できれば、とりあえず決められない症候群からは抜け出せるはずです。

ただ、本書を通して、さらに一段上の決断ができるようになってほしいと思います。

それは「自分にとって正しい決断ができる」ということです。

自分にとっての正しい決断ができるとは、どんな状態でしょうか。

それは、決断した後**どんな結果になっても「あのときはこういう理由で、自分の意思に従って決めた」と納得できる。そして、冷静に改善点を見つけ出し、新たに一歩を踏み出せる**ことです。


ただし、自分にとって正しい決断を歪める要素もいくつかあります。

例えば、ランチのとき、直前まで食べたいものがあったにもかかわらず、同僚の誘いに応じて違うものを食べに行ってしまったことはありませんか。

私たちは、何でも自分で決めているようで、実は家族や学校、職場の人など周りの人の意見やマスコミの報道など、社会環境にかなり影響を受けています。

自分の直感に従ったと感じるときでさえ、です。


ビジネスで言えば、尊敬する先輩や上司の意見をうのみにして、企画の内容を大きく変更した挙げ句、何か後味の悪さが残ったということはないでしょうか。

また、新しいことに挑戦するより採算の見込みがある企画が重宝される企業風土の中で、自分がやりたいことよりも会社の意向に合わせたものをつくろうとして疲弊していないでしょうか。

プライベートでも、週末に外出の予定を入れていたけど、新型コロナウイルスに関するニュースを見たり、ＳＮＳ上の自粛圧力に恐怖を感じたりして、とりあえず自宅で過ごすことにしたということもあるかもしれません。

周りの「声」に惑わされることなく、自分にとって正しい選択をすることは思っている以上に難しいことなのです。

もちろん、場合によっては、他人の意見に耳を傾けることも必要ですが、他人の考えを基準にした決断が、常に自分にとって最良の結果につながるわけではありません。

まずは、自分の価値観に基づく**決断を妨げる要素があることを知っておく**こと。

そして、それぞれのプロセスを実践する前に**「自分が決断の先に何を求めているのか」を認識し直す**ことで、自身の決断力を高めます。

00

「決断力」が変われば人生が変わる

何気ない1日にも決断の場面がいっぱい

決断とまではいかなくても、「何かを決める」という場面は、生活の中で意外にたくさん存在します。私たちは普段の生活で無意識に物事を決めていることが多いため、気付いていないだけなのです。

20代独身のビジネスパーソンAさんの1日をちょっとのぞいてみましょう。

朝7時、Aさんの枕元で目覚まし時計が鳴っています。昨晩は遅くまで友人と飲んでいたので、まだ寝ていたい。

Aさんは悩みます。すぐに起きて、最近始めた資格の勉強に取りかかるべきか。疲労を取るために、もうしばらく寝ているべきか――。

8時頃、家を出て最寄りの駅に向かいます。通勤ラッシュで、駅のホームは今日も混んでいます。

ここでも、Aさんは悩みます。急行電車に乗って早く出社し、仕事の準備を始めるべきか。各駅停車で時間はかかるが、座ってゆっくり通勤すべきか――。

12時、ランチタイムです。

最近、ダイエットを始めたAさんはまた悩みます。コンビニのサンドイッチで軽めに済ませるべきか。午後の仕事を頑張るためにファミレスのハンバーグランチでしっかりお腹を満たすべきか――。

夕方17時、来週のプレゼン資料の準備を今日中に終わらせる予定だったのに、まだ時間がかかりそう。残業して予定通りに資料を完成すべきか。残りの作業を明日に回して、誘ってくれた同僚と飲みに行くか――。

夜20時、結局同僚と飲みに行くことにして、居酒屋2軒目でお勘定。終電までまだ少し時間があります。

親交を深めるために、この後みんなとカラオケに行くべきか。明日の作業のために帰るべきか――。

そして、帰宅途中。電車の中でスマートフォンを見ると、地方に住む母親からメールが来ていました。

年末は久しぶりに帰省して顔を見せようか。友人と恒例の年越しスキーツアーに行くべきか――。

いかがでしょうか。何気ない1日の中でも、数え切れないくらい多くの決断（選択）をしていますよね。

大げさに感じるかもしれませんが、人生は、毎日、毎週、毎月、毎年と繰り返す、何気ない選択と決断の積み重ねでできていると言えます。

人生の決断の場面は大きく2種類に分かれる

一生で行う決断は、大きく二つの種類に分けられるでしょう。

①1回の選択では、その後の人生が大きく変わらないもの

・夕食の献立をどうするか？（例：自宅で食べるか？　外食するか？）
・通勤路線が事故で不通になった。どうやって帰宅するか？（例：迂回するか？　タクシーを使うか？）
・今週末の予定をどう立てるか？（例：誰と過ごすか？　どこへ行くか？　何をして過ごすか？）
・欲しかった洋服がセールになっている。いつ購入するか？（例：今すぐクレジットで買うか？　給料日まで待つか？）

②1回の選択の結果、その後の人生に大きな影響を及ぼす可能性があるもの

・受験の志望校をどうするか？（例：安全圏を狙うか？　上のレベルを目指すか？）

・学校卒業後の就職先はどこにするか？（例：大手か？　ベンチャーか？）
・どんな人と結婚するか？（例：年収が高い人？　相性がいい人？）
・スキルアップのためにどんなスクールへ通うべきか？（例：通学か？　通信か？）
・自宅の購入をどうするか？（例：マンションか戸建か？　新築か中古か？）
・どの株を買うか？（例：大手企業か？　今後急成長が見込める分野のベンチャー企業か？）
・生命保険の加入をどうするか？（例：いつ購入するか？　どんな商品がいいのか？いつ見直すのか？）
・親の介護をどうするか？（例：在宅で行うか？　施設に預けるか？）

①の場合、直感で決めてしまうことがほとんどでしょう。
気分や条件によって、選ぶものが変わることもあると思いますが、その結果すぐに大きな問題が起こることはそんなにないはずです。

しかし、②のような場面で、時間が足りず「えいっ、なるようになれ！」と出たとこ勝負になってしまう、という決め方は避けたいものです。

そうして思うような結果が得られず、新たな決断をすることになった場合、追加で発生するお金や時間などのコストは大きいと考えられます。精神的なダメージも小さくはないでしょう。

時間もお金も限られています。人生をできるだけ豊かにするためには、常に最良の選択を重ねる必要があるでしょう。これらの決断には、本書で紹介する方法を用い、ある程度の時間をかけて向き合ってください。

①のように毎日の些細《ささい》なことを決めるときは、そこまで時間と労力をかける必要はないでしょう。ただし、②のような重要な場面で決断力を発揮するためには、普段から①のような場面で物事をじっくり決める練習をすることをお勧めします。

決断力は筋力トレーニングと同じように、続けていれば必ず強くなります。コツコツ実践しましょう。

先ほども述べたように、人生は選択、そして決断の連続です。

過去を変えることはできませんが、決断の方法を変えれば、未来を理想に近づけることができるはずです。

第1章

比べてわかる！「ファイナンスマインド」

ファイナンスマインドとは

決断の方向性を示す

ファイナンスマインドは私のオリジナルワードで、ファイナンス理論をベースにした、決断の思考法です。

この思考法は、決断のプロセスにおいて何を優先すべきかといった、決断に至るまでの方向性を示してくれます。物事を決める際の「方位磁針（コンパス）」、今ならさしずめGoogleマップのようなものです。

例えば、海外を旅行したいと思っていたとします。ただし「いつかは行きたいなぁ」とぼんやり願っているだけでは、なかなか先へ進まないものです。

海外旅行というゴールにたどり着くためには、まず必要十分な「情報」を集めなければなりません。どんな旅行にしたいのか、旅行先で何がしたいのか、ある都市へ行くにはどんな方法があるのか、どれくらいの時間や費用がかかるのかなど。

このとき、ファイナンスマインドがあれば、余計な情報や怪しい情報に惑わされることが少なくなります。

そして、十分な情報が集まれば、いくつか選択肢をつくることができます。「パリで美術館めぐり」「ロンドンで紅茶の飲み比べ」「台湾で小籠包三昧」など。

ここでも、ファイナンスマインドを駆使して、あり得ない選択肢を省いたり、幅広い選択肢を用意したりすることができます。

それから最終的な決断に移るわけですが、ここで「パリも台湾もロンドンも捨てがたい！」となってしまう方がいると思います。

そんなときもファイナンスマインドがあれば、冷静に選択肢の比較ができます。

ファイナンスマインドでは、選択肢の「価値」を「お金」に換算します。選択肢の価値を「○円（いくら）」という形で「見える化」することで、比較が容易になります。「お金」という、決断する際の一つの基準を示すわけです。

さらに、ファイナンスで重視するべきいくつかのポイントを踏まえて、選択肢の価値を測っていきます。

こうして、ファイナンスマインドを使ってさまざまなことを考慮していく中で、選ぶべき道が少しずつ見えてきます。

「価格」よりも「価値」を重視する

ファイナンスマインドでは選択肢の価値をお金で測るとお伝えしました。

この「価値」に似た言葉で「価格」があります。実は、この「価格」とファイナンスマインドで測る「価値」はイコールではありません。

価格は「客観的」なものです。

例えば、お店のメニュー表やホームページで「ラーメン1杯800円」「宿泊費1泊1万円」と提示されているとします。

提示されている金額を支払えば、誰でもモノやサービスを得ることができます。

また、どのモノやサービスを選ぶべきか、自分の財布と相談してすぐ決断できます。

例えば、高級寿司店で「時価」と表示されているネタは、予算に余裕がない場合ちょっと頼みにくいですよね。逆に、自分が何かモノを売りたいときも、価格を明示していなければなかなか買ってもらえないでしょう。

市場ではモノやサービスの「価値」をいくつかの評価方法によって「価格」として表示しています。私たちはその情報をもとに「その金額を払ってでも、手に入れたいかどうか」決めています。買い手が手に入れたい価値と、売り手が提供するモノやサービスの価格が合致したとき取引が成立します。

つまり、客観的な「価格」に対して「価値」は人によって異なります。

例えば、週末にある有名なバイオリン演奏者のコンサートがあるとします。

その演奏者の熱心なファンならば、10万円を出してでも観たいと思うでしょう。逆に、音楽に興味のない人であれば、たとえタダでも会場に行くことさえ時間のムダだと考えるかもしれません。

開催場所がアクセスしやすい都市部のホールなのか、バスが一日数本しか通っていないような山奥の公民館なのかによっても、チケットの価値は変わってくるはずです。山奥の公民館が会場であれば、都市部に住む人は開始時間に間に合わなければ演奏を聞くことができないため、チケットを持っていても意味がありません。逆に、山奥に住む人にとっては、プロの演奏を間近で聞けるめったにないチャンスになるでしょう。

フリマサイトやオークションサイトの仕組みでイメージしても、わかりやすいかもしれません。

Aさんが使わなくなったモノをフリマサイトに出品しようとしています。そのモノを早く処分したいと考えているAさんにとってはガラクタ同然のモノでも、どうしても手に入れたいと願っているBさんにとっては宝物で、結果的にとんでもない値がつくことがあります。

このように価値は流動的、主観的なものなのです。

自分にとって正しい決断を行うためには、その対象が「自分にとって価値を持っているか」を正しく認識するスキルが必要です。他人にとって、現代社会において価値があるかどうかはあなたにとって関係ありませんし、気にする必要はないのです。目に見えてわかりやすい「価格」に惑わされることなく、**自分にとって「価値」ある選択肢を見極めるためにファイナンスマインドは役に立ちます。**

第3章で紹介する、決断までのプロセスでは「自分が得たい価値＝（ゴール）」を定めてから、価格を含めたさまざまな情報を集めます。最終的に選択肢の価値をお金というモノサシで評価し決断する際にも、もっとも重視するのは「自分が得たい価値」が満たされるかどうかなのです。

価値を測る「モノサシ」としてお金を使うメリット

決断の基準はいろいろある

ファイナンスマインドでは、決断の際に選択肢の価値を測るモノサシとして「お金」を使います。決断のモノサシは他にもいろいろあります。

いくつかあげてみましょう。

- **現状の改善度**
- **環境の最適度**

- オリジナリティの高さ
- やりがいの大きさ
- キャリアや事業の価値を高める度合い
- 専門家の見解や意見

決断の際に、どれを「モノサシ」にしても間違いではありません。

自分なりのモノサシに従った結果、納得して決断できているなら問題ないでしょう。

ただ、人は自分が思っているほど、合理的に決断できません。人の認知のクセが影響してしまうのです。人の認知のクセについて詳しくは第2章で説明します。

「客観的な基準」が決断の質を高める

自分にとって正しい決断をするには、次の特徴があるモノサシを持つことをお勧めします。

①選択肢の価値が一目でわかる
②モノサシとなるもの自体の価値がほぼ不変である
③さまざまな場面に応用可能である

特に組織の未来に関わる決断の場合、明確な基準のもとで、第三者が冷静に選択肢を比較検討できる状態にする必要があります。明確に価値の差が見えれば、感情に惑わされることなく、ロジカルかつ客観的な判断につながるでしょう。

その際、環境の違いや時間が経つにつれて価値が激しく変化するモノサシでは、物事の価値を正しく測ることは難しくなります。

さらに、特定の場面でしか使用できないとなると、別の場面の選択の結果を正しく評価できません。

そして、これら三つの条件を満たすものの一つが「お金」です。

紀元前7世紀頃に物々交換に変わる決済手段として生まれたお金は、モノの価値を評価するモノサシとしての役割を果たすようになりました。

現代では、商品やサービスだけではなく、美術作品、労働、会社などもお金によって、その価値を表わして比較することができます。そして、お金は異なるカテゴリーのモノの価値を比べることが可能なのです。

例えば、ある人が「趣味のA(好きな食べ物)とB(好きな音楽)のどちらがより好きか?」と聞かれて、二つの価値を比べようとしているとします。

AとBは異なるカテゴリーのものなので、現状では「好き」という感情の大きさで比べるしかありませんね。しかし「好き」という感情は主観的なものです。本人の心の中にあるものなので、見た目や重さで測ることができません。客観的に判断することは難しいでしょう。

そこで「お金」というモノサシで、それぞれの価値を測ってみます。

この場合「どちらによりお金をかけているか」で比べることができるでしょう。直近の支出を確認したり、これまでの消費傾向を分析したりすると、どちらをより大切に思っているかが見えてくるのではないでしょうか。

また、抽象的な概念もお金で測ることができます。

例えば「時間」です。毎月の給料を平均労働時間で割れば、会社に労働対価として提供している自分の働いている時間の価値がわかります。

このように、日常の多くの事象はお金で価値を測ることができるのです。

価値の見える化で説得力アップ

選択肢をお金で比較するメリットは、価値が「見える化」できることです。一目で比較できるようにすることで、決断の説得力が増します。

実際に企業として大きな決断をするときは、何度も議論を重ねます。上層部の「この選択肢で企業の価値は高まるのか」「なぜその選択肢を推すのか」といった問いに対し、合理的な説明が求められます。

そこで、その選択肢がもたらす未来の価値とその根拠を数字で示すことができれば、説得力を持たせることができます。

しかし、これがなかなかできていないことが多いのです。

例えば、練りに練った渾身の新規企画を上司に持っていったら、全く相手にされなかったといったことはありませんか？

その場合、内容が魅力的でなかったり、会社のビジネスとの相性が良くなかったりということも考えられるでしょう。

しかし、自社のビジネスと親和性があり、魅力ある企画でも採用されないことがあります。その場合、大きな理由は「この企画はどれだけ儲かるのか？」が明確になっていないことです。

私のビジネスの経験でも「どれくらいお金がかかるのか」「いつお金が入ってくるのか」について、きちんと答えられていない企画書は結構あります。

しかし、これらはビジネスをする上で、肝となる要素です。上司も判断できる材料として具体的な数字がなければ「よしやってみよう」とは言えないでしょう。

また、こうした場面は、ビジネスシーン以外でも起こります。

例えば、家族に転職や投資の相談をするときに、自分の気持ちだけを熱心に伝えても納得してくれないかもしれません。転職後の収入の多寡《たか》や投資のリスクが、その後の生活に大きく関わってくるから当然ですよね。

転職後の収入がどれだけ増えて家族の生活にメリットがあるのか、デメリットはないのか、リスクはどの程度あるのか、どうしたらリスクを減らせるのか。数字を用いてきちんと説明できれば、家族の考えも変わってくるかもしれません。

正しい選択で、人生はより豊かになる

ここまで、お金を「モノサシ」にすることのメリットを説明しました。

しかし、お金で物事の価値を測ることに対して、良い印象を持たない人もいるでしょう。

確かに、世の中の全ての物事をお金で測れるわけではありません。無償奉仕のイメージがあるボランティア活動を「いくら」という基準でその価値を測ることはできないはずです。

全ての場面において金銭的な価値の評価が必要とは言えないかもしれません。「金銭的な価値＝物事が持つ価値の全て」でもありません。お金だけで判断してはいけな

いこともあるでしょう。

ただ、何か基準があると、物事を判断しやすくなりませんか。決断の際に「論理的に考えるのが苦手」「何を基準に判断すれば良いかわからない」と感じているなら、一番身近なモノサシであるお金を一つの基準にして考えても良いのではないでしょうか。現代社会では生きるため、自己実現するためにも、お金は不可欠ですから。

そもそも、判断のための基準は一つに限らなくても構いません。まずは、お金で物事を測ってみる。そこから、別のモノサシで物事を測ってみても良いわけです。

何でもお金の損得で考えることと、お金を価値判断の一つの手段として用い、物事を合理的に考え、決断することとは全く異なります。

どのみち何を基準にしたとしても、１００％確実な将来など描きようがありません。決断のときにファイナンスマインドを使うのは、真っ暗闇を少しでも安心して進めるよう、懐中電灯やコンパスなどの「道具」を持つことに似ています。
決断に向かって、選択肢を数字で示すこと。
それが、お金をモノサシにする一番のメリットです。
ぜひ、未来を照らすツールの一つとして活用していただきたいと思います。

そもそもファイナンスって何？

会社を存続させるためのもの

ファイナンスと聞くと、難しい印象をお持ちの方もいるでしょう。実際に書店や図書館で関連する本を覗くと、複雑な数式などが並んでいることが多いものです。

ただし、本書はファイナンスのスキルの習得を目的にしていないので、極力難しいことは述べません。自分にとって正しい決断をするために必要な「考え方のポイント」だけをお伝えしていきたいと思います。

とはいえ、そのポイントを理解するために、少しだけファイナンスについて説明させてください。

まず、ファイナンスと聞いてイメージされるのは「コーポレートファイナンス（企業金融）」のことでしょう。実際、ビジネスや経済学など学問の世界でも、ファイナンスと言えば、コーポレートファイナンスのことを指す場合がほとんどです。

簡単に言うと、コーポレートファイナンスは、企業が活動を続けるために「どうお金を使うべきか」を決めて実行することです。

主に「資金調達」「資金運用（投資活動）」「配当政策」について議論されます。ちなみに、ファイナンスマインドは、資金運用を検討する際の考え方を参考にしています。

具体的に次のようなことを検証します。

- **資金調達を銀行借入で行うか株式で調達するか**
- **新規プロジェクトや設備増設の採算性はあるか**
- **M&Aのターゲット企業をいくらで買収するか**

会社において、お金に関する意思決定が、コーポレートファイナンスの知識なしに行われることは、ほとんどありません。

経営者にとって、経営戦略やマーケティングのスキルと同様に、ファイナンスの力を身に付けることはとても重要なのです。

しかし、ファイナンスが使える場面は、企業のビジネス活動にとどまりません。ファイナンスには、私たちの日常生活を豊かにするヒントがたくさんあります。

本書では経営者や金融業界の方でなくても、こうしたファイナンスの考え方を使えるようになるコツをお伝えしていきます。

過去より未来を重視する

お金を使って物事を考える手段としては、ファイナンスよりも「（企業）会計」の方が、馴染みのある分野かもしれませんね。

ビジネスシーンやニュースで耳にしたり、経済を学ぶときに「簿記」「財務三表」

「連結決算」「ROE（自己資本利益率）」といったキーワードに触れたりしたことがあると思います。これらは全て会計に関するキーワードです。

お金を扱う学問としては、会計とファイナンスはいわば兄弟のような関係です。一般の会社でも「経理財務部」では、会計とファイナンスを共に扱います。経営大学院（MBA）では「カネ系科目」として一括りに扱われることも多いようです。

ファイナンスの理解を深めるために、会計との違いにも注目してみましょう。二つは一体何が違うのでしょうか。

ここでは、私が重要だと考えているポイントを三つお伝えします。

「会計」には「管理会計」と「財務会計」がありますが、二つを同時に説明すると混乱しかねないので、ここでは財務会計との違いに絞って述べていきます。少し専門的な用語も出てきます。難しければ、イメージで捉えてください。

①会計は「過去」を振り返り、ファイナンスは「未来」を語る

これは、ファイナンスマインドで一番重要なポイントでもあります。

会計で扱う数字は「過去の実績」です。

企業は毎年「決算書」と呼ばれるものを作成します。決算書には、貸借対照表（バランスシート）、損益計算書、キャッシュフロー計算書などがあります。

貸借対照表は決算日における企業の財政状態を表すものです。表の左側から会社の所有する資産、右側から資金の調達方法が示されています。つまり、会社がどれだけ借金を抱えているか、不良債権化しているものはないかが一目でわかります。左右で企業の財務のバランスがわかることから、バランスシート（Balance Sheet で『B/S』）とも呼ばれます。

損益計算書では会社の「利益」、つまりどのくらい儲けや損失があったかが示されます。過去や競合他社の売り上げなどと比べることができます。英語の「Profit and Loss Statement」から「P/L」とも呼ばれます。

キャッシュフロー計算書は（Cash-flow Statement で『C/S』）、企業の活動によってどれだけの現金が入ってきて、出ていくのかがわかります。この現金の流れは、会社の血液のようなものです。その循環が滞ってないか確認することで、企業の経営状態が把握できます。

このように、会計ではさまざまな視点から、過去の企業の実績と実力を表します。いわば、その企業の「成績通知書」や「健康診断書」みたいなものです。ちなみに、「P/L」が成績通知書、「B/S」と「C/S」が健康診断書に相当します。

このように直近の数字から、企業の実力を測ることができます。ただ、あくまで過去の数字です。今の実力や将来の業績を保証するものではありません。


それに対して、ファイナンスは「現在」から「未来」の数字を捉えて、企業やビジネスの価値を測ります。つまり、これから行う投資に対して、将来どれだけリターンが見込めるかを重視します。

家計簿とマンション購入を例に、二つの違いを考えてみましょう。

まず、家計簿は過去のお金の出入りに関する記録です。最近はアプリの登場で、銀行やクレジットカード情報のデータ連携が可能になり、昔に比べて管理も簡単かつ便利になっていますね。

家計簿では「先月の収支状況と比べて、今月はどうだったか」「今月の支出項目の中で何が増えてきているのか」など過去の情報から財政状況を分析していきます。つまり、家計簿で行っていることは会計と同じ分野なのです。

一方、これからマンションを購入する場合は「新たな支出」に関することですから、ファイナンスの出番です。マンションの販売価格にとらわれず、自分にとって「価値」がある物件かどうかを判断するために、ファイナンスのアプローチが必要になります。

世界基準のビジネス教養

それでは、重要なポイントの残りの二つについても見ていきましょう。

②会計は「利益」、ファイナンスは「キャッシュ（フロー）」

会計では「売り上げから費用を差し引いた「利益」がどれだけ出たか」が重要視されます。昨年度と比べて利益は増えたのか減ったのか、競合他社より多かったのか少なかったのかなどに注目します。

しかし、「利益」は注意して見る必要があります。少し難しい話ですが、利益額は在庫や固定資産の計算方法など、さまざまな要因で変わります。極端な言い方をすれば、経営者のさじ加減で利益額はコントロールすることが可能です。

一方、ファイナンスで扱うのは利益ではなくキャッシュフローです。

キャッシュフローは「お金がどれだけ入ってきて、どれだけ出て行ったのか」という現金の出入りを指します。キャッシュフローに注目することで、「いくら手元に現金が残っているか」がわかります。

実際のお金の流れを示すため、経営者の主観で変化する「利益」よりも、客観的な数字と言えるでしょう。誰が計算しても同じ結果になるのでごまかしようがありません。よって、ビジネスの世界では「利益は見解、キャッシュは事実」と言われます。

このように説明すると、利益は少し特殊なものだと思われるかもしれません。日常生活でも使うことはあまりないでしょう。

例えば、家計はキャッシュフローが全てです。

毎月の給料の範囲内でお買い物ができていないと大変なことになります。リボルビング払いなどクレジットカード会社の甘い売り文句に騙されて、出ていくお金が増えていれば、借金地獄が待っています。

地に足がついたキャッシュマネジメントが大事なのは、会社も個人も同じです。

③会計は「国ごとに異なる言語」、ファイナンスは「グローバルな共通言語」

実は、会計のルールは国によって異なります。

厳密に言うと、日本と欧米では別々のルールで会計処理が行われています。日本の企業が米国の株式市場に上場する場合、米国の会計基準に合わせた決算手続きが必要です。

ファイナンスの理論は、もともと米国で生まれました。今や、その理論は世界中に拡がっており、いわば万国共通の「グローバル言語」です。

専門用語は日本語に訳さずにカタカナで表記することが多いため、取っつきにくく感じるでしょう。逆に言えば、グローバルでもしっかり通用する「世界標準」のビジネススキルと言えます。

しかし、ファイナンス理論は日本ではまだまだ認知度が低いようです。ビジネスパーソンでも苦手意識を感じている人が少なくないように思います。逆に、欧米では多くのビジネスパーソンが、ファイナンスを必要最低限の知識として身に付けています。

これからは、英語やプログラミングだけでなく、ファイナンスもビジネスパーソンの必須スキルになってくるかもしれません。

ここまで、ファイナンスと会計の違いを大まかに説明しました。

ファイナンスと会計は、それぞれ目的と役割が異なります。どちらの方が重要というものではありません。そもそも、ファイナンスをしっかり身に付けるためには、会計の最低限の知識が必要です。

決断に至るまでのプロセスでも、特にゴールの設定をする際には、会計的な考え方が必要になります。決断のゴールを決めるには、まず現状を把握する必要があり、「過去の実績」を確認しなければなりません。詳しくは第3章で説明します。

いずれにせよ、**自分らしい決断をするベースには、ファイナンスの考え方は欠かせません。**まずは、それだけでも心に留めて頂けたらと思います。

「ファイナンスマインド」のキホン

七つのポイント

ファイナンスマインドがどんなものか、少しずつ見えてきたと思います。

第2章以降へ進む前に、まとめておきましょう。

ファイナンスマインドは、自分にとって正しい決断をするために必要な「考え方」です。決断の「方向性」を示してくれます。ファイナンスの理論をもとにした「決断までのプロセス」で必要なことを行い、選択肢の未来の価値を現在の価値に置き換え、「お金」というモノサシで測り、自分のゴールを達成できるかどうかを検討します。

さらに、決断までのプロセスでは次の七つのことを考慮します。

①人間の心のクセ（バイアス）
②ゴールの達成度を優先する（自分の価値重視）
③勝てる土俵を見極める（確実性）
④達成までのスピードを重視する（実現時期）
⑤キャッシュフローで考える（継続性）
⑥未来の価値を優先する（期待価値）
⑦投資的に考える

それぞれ解説していきましょう。

①人間の心のクセ

序章でも少し触れましたが、人間には「自分にとって正しい選択をしよう」という決意を歪める「思考のクセ」があります。これが意外と厄介です。わかっていても、気が付くとハマってしまっていることがよくあります。

思考のクセのパターンを知ること。自分にどんな思考のクセがあるか把握すること。そして、決断までのプロセスでそうした思考のクセが現れていないか、常にチェックしなければいけません。

詳しくは第2章で述べます。さまざまな思考を歪める原因とその対処法について学びましょう。

②ゴールの達成度を優先する

決断までのプロセスでは「決断の結果、どんなことが実現したら良いか」というゴールを初めに設定します。ゴールには、決断する人が人生で大切にしたい「価値」が現れます。

ある選択肢の価値の高さは「決断する人がその選択の結果、何を得たいか」というゴールによって異なります。ですから、同じ決断の場面で同じモノサシを使っても、同じものを選ぶとは限りません。

例えば「家を買う」という決断をする際に「マンションか一軒家か」という選択肢があったら、独身でこれから起業する予定のAさんと結婚30年目で親の介護のことを考え始めたBさんでは、同じ決断をする可能性は低いのではないでしょうか。

決断までのプロセスでは、常にゴールの達成度が高い、つまり「価値ある」選択肢を意識します。

当たり前のことのようですが、実は簡単なことではありません。

モノの正しい価値は表に出ていないこともあるからです。

例えば、モノの売買では、売り手は自分の儲けを得るために、真の価値を隠して高い価格で提供することがあります。買い手は鑑定士にでも持って行かない限り、そのことを知り得ません。これを経済学で「情報の非対称性」と言います。

つまり、価格が誤った情報を伝えていることもあるため、「お得だから」といった価格に頼った決断は危険です。繰り返しになりますが、**目に見える「価格」にとらわれず、自分のゴールを達成できる「価値」ある選択肢を選ぶ力を身に付けましょう。**

そのためには、さまざまな情報を集めて判断しなければなりません。

また、取り組みやすさで選択肢を選ぶのではなく、「ゴールの大きさ×実現可能性」で考えることも大切です。決断によってゴールを達成することを重視しましょう。

また、正しい決断には「明確なゴール」が必要であるとも言えます。

ゴールが不明確だと「その選択肢によって、どれくらいゴールを達成できたのか」「なぜ、未達成だったのか。なぜ、達成率が低かったのか」といった決断の結果を検証することができません。具体的な改善策を考えることも難しくなります。

人は思い通りの結果が出ず「何のためにやっているのか」わからなくなると、途中で挫折する可能性が高くなるものだと思います。

家の購入のケースでも「3年以内にお金を集めて、マンションの一室を買って、自宅兼サロンを始めて、5年以内に最終的に年収1000万円を目指す」など、より詳細なゴールを設定し、絶えず思い起こすようにしておくと良いでしょう。

そうすれば、希望の物件がなかなか見つからなくても、最低限の条件を満たすものが見つかるまで、諦めずに探せるはずです。

③勝てる土俵を見極める

これは、特にゴールや選択肢を考える段階で「戦う土俵を間違えない」ということです。極端な例をあげますと、スポーツをすることが大の苦手なのに、ただ好きという理由で将来の仕事にプロ野球選手やJリーガーをあげることは賢明ではないということです。

確かに、その分野で活躍できる可能性がゼロとは言い切れないでしょう。もちろん、ゴールを高めに設定すること自体は良いと思います。現実のレベルに合わせ過ぎて、ゴールの設定を低くし過ぎるのも問題でしょう。

しかし、極めて実現率が低いものに過分なエネルギーを費やすより、次の3点が交わるところに力を注いだ方が短期間で大きな成果を得られるはずです。

「自分がやりたいこと」
「自分が得意なこと」
「世間から求められること」

勝てる可能性の高さを意識しましょう。

④達成までのスピードを重視する

②の話と通じるところがありますが、ファイナンスでは「最短で最高の結果を出せるか」どうかを優先します。

繰り返しになりますが、ファイナンスは企業が存続するために、その価値を常に高めるための決断（選択）をすることに重きを置いています。ある選択肢を取ることで、ゴールの達成が何年も先になったら、その間に会社は倒産してしまうかもしれません。

例えば「主力産業を絞って専門性を高めたい。今後A・B・Cのどこに力を入れていくか」を決めるとします。Aの事業を進めるなら、競合はいないが、より高いスキルを持った人材を雇い、優秀な部下を育てる必要がある。Bの事業であれば、多少競合はいるが、すでに社内に優秀なリーダーがいてチームの人間関係も安定している。Cの事業については、関係者は全員ベテランだが、競合が多い。

この場合は、企業価値を高めるというゴールまでのお金と時間のコストを考えると、予算など細かい条件にもよりますが、Ｂが最も優先されるべき選択肢になるでしょう。

また、個人の選択でも同じことが言えます。

一人の人間が充実した人生を送るためには、できるだけ早く結果を出せた方が良いでしょう。

収入を増やしたいというゴールを設定したとしても、やみくもにいろいろな副業に手を出した結果、どれもうまくいかずに赤字続きでは「お小遣い稼ぎ」や「独立」というゴールになかなかたどり着けません。自分のスキルや性格、環境に合ったものを選ぶべきでしょう。

勝てる土俵だけでなく「最速で勝てる土俵」を意識します。

特に、現代はビジネスや世界の情勢など、さまざまな分野で変化のスピードが上がっています。世の中の変化についていくためには、できるだけ早く選択の結果を見極めて、次の対策を取っていく必要があります。

⑤キャッシュフローで考える

ファイナンスと会計の違い（56ページ）のところで、「ファイナンスはキャッシュフローを重視する」というお話をしました。

決断のプロセスにおいても、常にお金の流れを意識してほしいと思います。

現代では何事もお金が絡んできますよね。特に大きなお金が絡む決断の際でも、人は意外とお金のことを横において考えていることがあります。

例えば、住宅購入の際は「自己資金はどれくらい用意できるか」「毎月どれくらい返済できるか」「どれくらいローンを借りるべきか」を整理して予算計画を立てる必要があります。

転職で言えば、仕事の内容や働きやすさだけでなく、給与や福利厚生などもらえるお金についてもよく調べるべきでしょう。また、投資の場合は、将来のキャッシュフローを予測して、期待価値をきちんと見積もらなければいけません。

つまり、ゴール設定も大事ですが「先立つものはお金」なのです。ゴールを達成できても、生活が立ち行かないようでは元も子もありません。柔軟に考えましょう。

⑥未来の価値を優先する

ファイナンスマインドでは選択肢を評価する際、次の三つのことを考慮します。

- **現在の価値と未来の価値は違う**
- **現在の価値よりも、未来の価値の方に注目する**
- **未来の価値は現在の価値から割引きして考える**

不動産を例に説明しましょう。

現時点で5000万円の戸建ての物件があるとします。この物件を購入し、30年後に売却して老後の資金にしようと考えている場合、売却時の価値はいくらになるでしょうか。

場所や経済状況の変化などにもよりますが、基本的に物件は時間とともに劣化し、価値は下がっていきます。買った時点の5000万円で売れることは、ほぼないでしょう。つまり、現在5000万円の価値がある物件は、将来5000万円より低い価値になります。

同じように、転職の場面に置き換えてみます。候補先で行っている事業が現時点で価値が高いものであっても、将来AIにとって代わられる可能性が高いなら、未来の価値は低いことになります。

一例としてあげると、あなたにとって「今もらえる100万円」と「一年後にもらえる100万円」の価値は違うはずです（「一年後にもらえる100万円」の方が間違いなく価値が低いはずです）。

物事の価値というのは、現在の価値そのままでは測れないこと、**未来の価値は現在の価値から割引されたものである**ことを覚えておきましょう。

⑦投資的に考える

企業は未来における自身の価値を最大限にするために、ファイナンスを用いてさまざまな分野へ投資を行います。

そのため、ファイナンスは「投資」の場面で、特に力を発揮します。未来の価値を第一に考えるとは「投資的」に物事を考えるということです。

人の行動は大きく「消費行動」と「投資行動」に分けられます。

消費行動は、その場限りの欲求を満たすことが目的です。**投資行動は、未来の価値を生み出すことを目指します。**

行動の目的によって消費か投資かが変わります。

ここで、一つ考えてみましょう。

「コンビニでスイーツを買う」という行動は、消費と投資のどちらでしょうか。

「仕事帰りに甘いものが食べたい」という理由で買うなら、消費でしょう。「将来パティシエになるための勉強の一環」という理由なら、投資に近いかもしれません。

「明日の仕事のパフォーマンスを上げるために、スイーツを買う」という主張も、投資に近いような気もします。

このように、一つの行動を「消費か、投資か」はっきり分けることはできません。

しかし、その行動が生み出す価値を「お金」で明確に示すことができると、投資的な面が強くなります。

例えば「将来はＩＴ関係の技術者として海外で働く」というゴールのために、「英会話スクールで本格的に英語を勉強する」という決断をしたとします。

この場合、ＩＴ業界の平均年収などから「ゴールの価値」を数字で表すことが可能でしょう。どの方法で学ぶか考える際も、「英会話スクールにかかるお金」「英会話スクールで学んだ際の上達度」などの情報から、それぞれの選択肢の価値をお金で測ることができるはずです。

先ほどのコンビニスイーツの例に戻りましょう。

こうした明確なゴールに比べて「明日の仕事のパフォーマンスアップ」というゴールは抽象的過ぎます。どんな仕事で、どれくらいのパフォーマンスアップが必要なのか、そして明日の仕事の先にどんなメリットがどれくらいあるのか示すべきでしょう。

さらに「コンビニスイーツを食べる」という決断についても、その効果について真剣に検証している人はいないと思われます。関連情報は、なかなか手に入らないのではないでしょうか。そうなると、お金で価値を示すことはできません。健康面を考えたら、むしろ夜遅くに甘いものを食べない方が良いとも思われます。「お金」で価値を表わせない、そのための情報を得られないゴールや選択肢は「消費的」と言えます。

ファイナンスマインドではこのようなゴールや選択肢はできるだけ避け、未来の価値をお金で具体的に表わすようにします。

私の経験上、投資的な考えを持って行動できない人は、自分の選択を後悔する傾向が強いように思います。一時の欲望を満たすために、根拠のない行動ばかり取っていては、ゴールを達成することはできないでしょう。

大切なのは、消費・投資という意識を持つこと。投資的な行動を積極的に取ること。そして、消費行動を投資行動に変えていくこと。

これらを心がけていれば、ファイナンスマインドが自然と身に付いてくるはずです。

以上、ファイナンスマインドの七つのポイントについて説明しました。いきなり全てを意識することは難しいかもしれません。①から順番に一つずつ実践してもらえたらと思います。

第2章では①に関わる人の思考のクセについて紹介します。読み進めながら自分のクセをチェックしてみてください。

第2章

テストでわかる！「正しい選択を邪魔するもの」

人はなぜ「正しく」選択できないのか？

本能が思考を邪魔する

ここまでで何度か述べていますが、**人には合理的・論理的・客観的に決断しようとしても、それを妨げるブレーキのようなものが本源的に備わっている**ようです。これらは全て人間の「認知」に関わるもので「認知バイアス」と呼ばれます。

決断のプロセスにおいては大きく三つ、人の認知の歪みが関係してきます。

- **リスクに対する「誤解」（リスクに関する知識が十分でない）**

・決断のクセ
・情報に対する反応

第2章では、どんなときにどんな認知の歪み（バイアス）が起こるのかをお伝えします。

各項目で簡単な「テスト」を用意しました。一つずつ答えていくことで、自分の陥りやすい思考の傾向が見えてくると思います。自分の認知のクセを知っておくことで、自分にとって正しくない決断を避けられるようになるはずです。

こうした人間の認知の歪みは「行動経済学」という分野で、近年明らかになってきました。

「行動経済学」は比較的新しい研究分野です。

序章で紹介したダニエル・カーネマン教授をはじめ、２０１３年にノーベル経済学賞を受賞したイェール大学のロバート・シラー教授や２０１７年に同賞を受賞したシカゴ大学のリチャード・セイラー教授などの学者が取り組んでいます。

経済学の世界では、人は常に合理的に物事を判断し、常にその物事の価値を最大化する選択を行うものと考えられてきました。

しかし、ちょっと考えてみてください。そんな人は周りを見てもごく一部ではないでしょうか。天才と言われる人でも選択の場面で失敗しているわけですから。この世には懲りもせず何度も同じような失敗をしている人もいます。

行動経済学はこうした合理的な人間像を否定し、リアルな人間の行動を捉えようとするものです。

私は行動経済学の研究内容は、ファイナンス理論とも親和性が強いと考えています。ファイナンスは合理的な人間の行動を研究するのに対し、行動経済学は生々しくおっちょこちょいのリアルな人間としての行動を研究しています。

行動経済学で人の行動のクセを学んだ方が、ファイナンス理論もまた実践的な学びとして生きてくるはずです。

「生き抜くため」には腰が重い方がいい

人間を含めた動物は、本来とても保守的な生きものです。

野生動物の場合、厳しい環境を生き抜くためには、敵から自分の身を守ることが最優先になります。食糧が手に入らないなど、よほどのことがない限り、現在生活している地域から外へ出てわざわざ命を危険にさらす必要はありません。このような保守的な考えは性格の問題というより、動物としての本能が強いせいもあるでしょう。

一方で、人間は他の動物と違う行動をとることもあります。

環境の変化や競争の過多が起きたとき、人間はより快適に暮らせる場所を求め、森を出て食料の少ない草原へ出てきたのではないでしょうか。

人間は本能的に安全策をとる傾向があるようですが、未来を見据えてリスクを取ることもあります。そうした行動ができるのは、おそらく人間だけではないでしょうか。

理想の人生には、攻めと守りの決断をバランスよく行う必要があるでしょう。

合理的に考えられない脳

人間の非合理的な行動は、認知能力に限界があることが要因だと言われています。

ここで言う「認知」とは、人間が外から集めた情報（インプット）を頭の中で処理して、意見や行動など（アウトプット）を行う一連の情報処理活動のことを意味します。

例えば、人間は不確実な状況を正しく認知できないため、決断の際に「ほどほど」や「ぼちぼち」の結果を得ようとします。もちろん「ほどほど」や「ぼちぼち」が悪いわけではありません。むしろ、全く成果が得られないより良いという考え方もあるでしょう。

ただ、今よりも自分らしく豊かな人生を送りたいと考えているなら、より高い結果を得られるよう決断する力が必要です。

そのためには**「正しい選択を妨げる思い込み」「情報を正しく判断できなくなる原因」を知ること**から始めましょう。

自分に都合良く「世界」を見ている

日常の生活において人は「色メガネ」をかけて世界を見ています。世界をありのままの姿で捉えているのではなく、自分の都合の良いように解釈しているということです。

決断の際にも、そのような認知の歪みが影響を及ぼします。決断のプロセスでは、必要な情報を収集し、記憶や知恵と合わせて意思決定を行います。

しかし、時間には限りがありますから、いつも完璧な情報を入手することはできません。そんなとき、人は無意識のうちに、自分に都合の良い情報や記憶に頼って判断してしまうことがあります。

典型的なパターンをいくつか紹介します。

原因① リスクへの認知バイアス

人はリスクを正しく理解できていない

まず、次の質問に答えて、今ご自身がリスクに対してどんなイメージを持っているかを知りましょう。

〈テスト1〉

「リスク」という言葉を聞いて、どんなことをイメージしますか？　また「リスクが高い状況」と聞くと、どのような場面を思い浮かべますか？

いかがでしょう。次のような状況が浮かんだ方もいたのではないでしょうか？

- **海外旅行のために乗り込んだ旅客機が不慮の事故で墜落してしまいそうだ**
- **大学を1校しか受けられないにも関わらず、直近の模試で志望校の合格判定が最低ランクの結果に**
- **ギャンブル好きの友人から「1年後に必ず2倍にして返すから、今100万円貸して欲しい！」と頭を下げられて貸してしまった**

このように「命に関わる危険性がある状況」「求める結果が起こる可能性が低い状況」「高確率で危険なことが起こる状況」などを想像した方が多いと思います。

一般的に、人はリスクという言葉に対して「何かとてつもなく悪いことが起こりそう……」なイメージを持っています。

実は、ファイナンスにおける「リスク」は一般的なイメージとは大きく異なります。ファイナンス理論で、リスクとは「予測された事象の不確実性」を指します。

わかりやすく言うと、**不確実性とは「実際どうなるか蓋を開けてみないとわからない度合いの大きさ」**です。必ずしもネガティブな状況だけではなく、ポジティブな状況についても使われます。

ある事象について、それが発生するかどうかが明確な場合、「リスクは低い」。逆に、実現するかどうか不明確な場合は、「リスクが高い」とみなされます。

先ほどの三つの例を振り返ってみましょう。

これらは全て、この後「どうなるか」がわかりやすいものです。

飛行機が墜落したら、残念ながら亡くなる可能性が高いでしょう。合格の見込みがない大学を受験したら不合格になる確率が高いです。ギャンブルで負け続きの人にお金を貸したら、確実に返ってきません。

「何が起こるかわからない」という点では、これらのリスクは極めて「ゼロ」に近いのです。つまり、不確実性は極めて小さいということです。

もっと、わかりやすい例で考えてみましょう。

例えば、40階の高層ビルの屋上からガラスのコップが落ちた場合、間違いなく割れるでしょうから「破損」のリスクはほぼゼロでしょう。

洗い場からシンクに落ちた場合、よほど壊れやすい素材でない限り、割れることがないでしょうから、こちらも「破損」のリスクはほぼゼロです。

では、テーブルから落ちた場合はどうでしょうか？

床が絨毯か、クッションなど柔らかいものが偶然あるか、取っ手から落ちるか底から落ちるか、など。状況によって、結果は変わってくるでしょう。割れるかどうかは、実際に落ちないとわからなさそうです。

つまり、このケースがもっとも「破損」のリスクが高い状態です。

ファイナンスではリスクの低い手段を意識して選ぶのはもちろんのこと、リスクをできるだけ低くする方法を考えます。そのためには、まず「どんなリスクがあるか」を洗い出します。そして、それらのリスクを減らすための方法をいろいろな情報をもとに編み出します。

こうして、ゴールを達成するための決断を実現させていきます。

新しいことにチャレンジしたり、思い切った決断をしたりするときに、二の足を踏んでしまう——その要因の一つに「リスクがあること」や「リスクの詳細が見えていないこと」への不安があります。

その場合は、できるだけ目の前にあるリスクを「見える化」してみましょう。

現時点で考えられるリスクをリストアップして一つずつ眺めていくと、確実性を上げるための方法が見えてくるはずです。

リスクへの対処法がわかれば、冷静な状態で選択ができるようになってくるはずです。

リスクを見える化する方法

リスクを見える化するには、どうしたら良いでしょうか。

まずは、ある事柄に対して、次のことを考えて書き出してみましょう。

①どんなことが起こり得るか

②どんな場合に起こるか
③どんな場合に起こらないか

次のような場面で考えてみましょう。

先日、営業先のスポーツ好きの部長から「一緒にフルマラソン大会へ出よう」と誘われました。昔からお世話になっている大切なお客さまのため、断れない……。しかし、42.195キロメートルどころか、長距離走なんて高校生のときのマラソン大会以来です。

大会まではあと3カ月しかありません。最後まで走りきるためには、どうしたら良いでしょうか。

この場合、確実に「ゴール」したいわけですよね。ゴールのリスク（不確実性）をなくすためにはどんなことが必要かを考えなければいけません。

先ほどの三つの項目に当てはまることを考えてみましょう。

①どんなことが起こりうるか

今の状態で大会に出れば、途中で体調が悪くなるかケガをして、リタイアすることになるでしょう。かといって、無理な練習をしたら、それこそケガをして出場すらできなくなるかもしれません。日頃の体調管理を怠っていたら、当日風邪を引くこともあり得ます。

また、準備万全でも、天候の悪化による体力の消耗や他の選手との接触による転倒などによっても、ゴールが危ぶまれるでしょう。もしかしたら、突発的に家庭の用事や仕事が入って参加すらできない可能性もあります。

ゴールまでにどんな障害があるのか、初めはできるだけ自分で考えて書き出してみましょう。未知のことであっても、これまでの経験を踏まえて結果を予測する力を身に付けましょう。

もちろん、最終的には、経験者に聞いたりネットで調べたりして、見落としがないか確認することも大切です。

②どんな場合に起こるか

ゴールまでに起こりうることをまとめると、主に「ケガ」「体調不良」「突発的なイベント」となるでしょう。それらは、どんな場合に起こるでしょうか。

〈ケガ〉

・練習の過不足
・ウェアやシューズの準備不足
・参加者層に関する情報収集不足

〈体調不良〉

・日頃の体調管理不足
・コースの状態や水分補給の場所の確認不足
・天候の急な変化
・メンタルケアの不足

〈突発的なイベント〉
・仕事やプライベートの予定の確認および調整不足

この他にもいろいろあると思います。重複する要因もあるでしょう。①を考える段階でも、見えてくると思いますが、見逃している事態がないか確認するためにも、カテゴリーごとに整理しましょう。

③どんな場合に起こらないか

同じように、それぞれの対策を考えてみましょう。

〈ケガ〉
・自分の体力や筋力を測定し、適切な練習メニューを計画的に行う
・専門店で相談して、自分や大会のレベルに合ったウェアやシューズを購入する
・参加者のレベルを確認し（プロが多いかアマチュアが多いかなど）、練習メニュー作成の参考にする

・ケガが発生しやすい場所を確認する

〈体調不良〉
・毎日の食事や睡眠の管理をする
・コースの状態を確認し、ペース配分を考えておく
・確実に水分補給できるよう、補給場所を覚えておく
・天候の急な変化に対応できるツールを購入する
・本大会に参加する前に、小さな大会に出場して練習する

〈突発的なイベント〉
・突発的な業務は部下にお願いする
・家族に予定を伝えておく
・当日何かあったら、自分の代わりに対応できる人を用意する

こうすると、それぞれの「リスク」は、かなり小さく見えてきたのではないでしょ

うか。

決断において一番重要なのは、漠然とした不安を消すことです。そのために、リスクの可視化が大切なのです。

さらにリスクを見える化する方法

それでも、まだまだ不安な人もいるかもしれません。

全ての危険分子をつぶすことは、不可能かつ現実的ではないでしょう。ただ、次の三つの視点からリスクをより低くすることができると考えます。

- **発生確率の高さ（起こる可能性が高いか）**
- **発生した際の深刻度（発生した場合、被《こうむ》るダメージが大きいか）**
- **発生前後の対応可否（危険因子をつぶす方法があるか）**

ただ、案件ごとに状況や事情は異なるでしょう。

さらに情報を集めるとなると、時間も手間もかかりますね。十分に時間が残されていれば調べるに越したことはありませんが、そうでない場合、ある程度感覚で検討するしかないでしょう。

それぞれのリスクについて「発生確率の高さ」「発生した際の深刻度」「発生前後の対応可否」を見ていきましょう。特に、重複する要因に注目して改善策を考えます。

ケガや体調不良は一番発生する可能性が高いでしょう。

ただし、当日までにいろいろと対策を練ることができます。工夫すれば、最悪の事態は免れることができるのではないでしょうか。

突発的なイベント（病気やケガ）については、その緊迫度・緊急度によっては出場辞退もやむを得ませんが、普段のスケジュール管理や周りの人へ周知しておくことで、ほぼ避けられると思います。

こうして改めて見ていくと、初めは「不可能」と思われることも、できるような気がしてきませんか？　リスクをできるだけ見える化しておけば、必要以上に恐怖を感じることなく、納得のいく決断を下せます。

リスクを下げる特効薬「ポートフォリオ理論」

リスク（不確実性）を下げる方法の一つに「ポートフォリオ理論」があります。

「すべての卵を一つのカゴに盛るな（Don't put all eggs in one basket)」という言葉を聞いたことはないでしょうか。これは、投資の世界で有名な格言です。

文字通り、売り物の卵を全部同じカゴに入れておいたら、そのカゴが何らかの拍子にひっくり返ってしまったとき、その後は何も対応ができませんよね、という話です。

しかし、卵をいくつかのカゴに分けて別の場所に保管しておけば、一つのカゴの分がダメになっても、他のカゴの分は無事で済むかもしれません。

これが「ポートフォリオ理論」の核となる「分散投資」という考え方です。

株式投資では、国内外・変動率が大きいもの・小さいものなど、いくつか銘柄を買って、大幅な損失を防ぎつつ、利益を得られるようにします。

転職においても、候補先を初めから1社に絞り、先に退職届けを出して退路を断ってしまった場合、もし採用されなかったら最悪ですよね。希望する条件から、候補に見合う転職先を少なくとも3社はピックアップし、先々の行動をリスクヘッジしておくべきでしょう。

コロナ禍による損失を小さくするために、飲食店が店内飲食に加えて、デリバリーサービスも行った対応もポートフォリオ理論に沿った行動と言えると思います。

先ほどのマラソンの例で言えば、ケガというリスクを避けるために、いろいろな人の意見をもとに練習メニューや当日のメンテナンスを考えると良いでしょう。

このように、**リスクはゼロにできなくても、低くすることが可能**です。「リスクがあるから諦めよう」ではなく、まず「リスクを小さくするにはどうすべきか」を考え、冷静に対応するようにしてください。

認知の歪みについて、次は「バイアス」と「ヒューリスティックス」を見ていきましょう。

原因② 決断に関わるバイアス

①確証バイアス〜自分に都合の良い情報を集める〜

決断のプロセスでは、集めた情報をもとに選択肢をつくり、それぞれの選択肢の価値を比較して決断する、というのが基本的な流れです。

しかし、自分の決断を周りにも納得してもらおうとして、このプロセスを無視することがあります。

ここで、一つテストをしましょう。

〈テスト〉

あなたは「いつか海外からおしゃれなインテリアを輸入して販売したい」という夢を持っていました。そして、ついに勤めている会社を辞めて起業する決意をし、パートナーに話すことにしました。二人には小学生の子どもがいます。当然説明を求められるでしょう。どうやって、説得しますか。

A　起業のメリットを補完する情報をできるだけ多く集めて説得する

B　起業のメリット・デメリットの両方に関する情報を集めて説得する

いかがでしょうか。できるだけポジティブな面を見せて、何とか納得してもらいたいと思ったのではないでしょうか。

実は、これは確証バイアスと言われるものです。

一旦選択肢を決めてしまうと、その正当性を裏付ける情報のみを集め、反する情報を無視したり、自分に都合の良い方向に解釈したりします。

もちろん、選択肢を決めてから情報を集めるというやり方を否定するわけではありません。ビジネスシーンでは、自分の企画を通すために、上司を説得できる情報を収集することもあると思います。

ただ「良い面」ばかりをあげて、意気揚々と熱弁を振るったからと言って、いつも相手に納得してもらえるとは限りません。

自分よりも相手の方が専門的な知識を持っていることもあります。人の話をよく聞く人であれば、「都合の良いことしか言っていない。何か怪しいな」と思うでしょう。また、自分にとって都合の良い情報を集めるクセがついてしまうと、自分自身の判断ミスに気付くことも難しくなります。

②現在性効果～未来よりも現在の価値を重視～

突然ですが、質問です。小学校時代の頃を思い出してください。あなたは夏休みの宿題をどうやって終わらせていましたか？

A　計画を立てて、毎日少しずつ進める

Ｂ　最終日に「もっと早く取りかかるべきだった」と後悔しながら片付ける

どうでしょう。昔のことと言いつつ、大人になってからも似たようなことをしていないでしょうか。

例えば、ダイエットです。一～二日といった短期間で実現できるような簡単なものではないにも関わらず、「今日はいいや、明日から始めれば！」とついついお菓子を食べたりお酒を飲んだりしていませんか？

続いて、テストをしてみましょう。

〈テスト１〉

あなたならどちらを選ぶでしょうか。

Ａ「１年後に１００万円もらう」

Ｂ「１年１カ月後に１１０万円もらう」

〈テスト2〉

（テスト1のときから）1年経ちました。どちらを選ぶでしょうか。

C「今日100万円もらう」

D「1カ月後に110万円もらう」

もし合理的な判断ができるなら、Bを選んだ人は1年後にDを選ぶはずです。

しかし実際はBを選んだにも関わらず、1年後はCを選ぶ人がたくさん出てきます。

これはどういうことでしょうか。

人は遠い将来のことであれば「どちらが得か」を合理的に判断できます。

しかし、近い将来のことになると、目の前の価値に目がくらんでしまい、合理的な判断ができなくなってしまいます。これが「現在性効果／時間選好」のバイアスです。

ダイエットにおいて「健康でスリムな体を手に入れる」という未来の価値よりも、「美味しいものを食べる」という今すぐ手に入る価値を優先してしまうのも、実はこのバイアスが影響しています。

人は合理的に時間を把握しているようにみえても、内実は時間の経過をきちんと把握できないようです。

③プロスペクト理論〜得することは確実性、損することは不確実を重視〜

経済学の世界では、人はリスクがある中で決断するとき、手に入れる価値を最大化するために、事象の発生確率に基づいて合理的に決断すると考えられています。

しかし実際は、メリットとデメリットを公平に比較できなかったり、発生確率を無視した選択を行ったりすることがあります。

そこには「確実性効果」と「損失回避」の二つの特徴があります。自分はどちらの傾向が強いのか、テストで確認してみましょう。


〈テスト１〉

次のゲームのうち、どちらに参加しますか？

A「確率60％で50万円がもらえる」

B「確率65％で40万円がもらえる」

〈テスト2〉

次のゲームのうち、どちらに参加しますか？

C「確率85％で50万円がもらえる」

D「確率100％で40万円がもらえる」

テスト1でAを選んだ人は、テスト2ではCを選ぶはずです。

それぞれの選択肢の「期待値」を計算してみましょう。期待値＝確率×金額で出せます。Aは30、Bは26、Cは42・5、Dは40です。

しかし、ここでDを選ぶ人がいます。これが「確実性効果」と言われるバイアスです。期待値よりも確実性を重視する傾向があります。

もう二つテストをしてみましょう。

〈テスト3〉
次のゲームのうち、どちらに参加しますか?
A「50%の確率で200万円もらえるか、何ももらえないかのどちらか」
B「確率100%で100万円がもらえる」

〈テスト4〉
次のゲームのうち、どちらに参加しますか?
C「50%の確率で200万円払うか、何も払わないかのどちらか」
D「確率100%で100万円を払う」

この場合、テスト3ではBを選ぶ人が、テスト4ではCを選ぶ傾向にあります。
メリットを得る期待値が同じ場合は、より確実性の高い選択を好む人が、デメリットを被る期待値が同じであれば、より不確実な選択肢を好む傾向があることを示しています。これが損失回避と呼ばれるバイアスです。

このように、人にはリスクを都合良く解釈するクセがあります。

どちらのバイアスがより強いかという程度の違いはありますが、このバイアスは誰でも持っているようです。


もう一つ「保有効果」というものがあります。すでに手元に持っているものの価値を高く見積もってしまう特性です。

例えば、お気に入りの洋服をフリマに出品したとします。

購入のオファーがあっても、自分の思っていた金額よりもずっと低かった場合、がっかりして出品を取り下げてしまったことはないでしょうか。愛着があればあるほど、客観性の高い他人からの評価より自己評価はつい高くなりがちです。

④現状維持バイアス〜どんなときも現状維持を選ぶ〜

確実性効果と損失回避は「現状維持バイアス」という認知の歪みを引き起こします。

現状を変えた方がより高い価値を得られる場合でも、状況を維持することを選んでしまうことがあるということです。

例えばインターネットプロバイダーや携帯電話の契約について、切り替えた方がお得だとわかっているのに、面倒くさくて今のままで済ませている。

転職で得られるメリット（給与、仕事内容、待遇、職場環境などが今よりも良くなること）がわかっているのに、なかなか踏み切れずに機会を逃してしまった。

これは損失回避性が要因の現状維持バイアスです。「新たな価値を得ること」よりも「損失を出さないこと」を選ぶ傾向があります。

「確実性効果」が要因の現状維持バイアスは、１００％確実だった状態からわずか１％でも不確実性が存在すると、確実性が大幅に低下したように感じて、決断を躊躇《ちゅうちょ》してしまうようなケースです。

例えば、病気の治療のためにある薬を進められたとします。医師から重い副作用が出る確率が１％あると言われただけで不安を感じてしまい、その結果服用を拒否して症状回復の機会を逃してしまう……。こうしたことが考えられます。

新型コロナウイルスに対するワクチン接種の際にも、同じような議論（アレルギー反応などの副作用）があったので記憶に新しいことかと思います。

⑤サンクコスト・バイアス～過去のコストにとらわれる～

まず、テストをしてみましょう。

〈テスト〉

語学留学を目指して、入会金と半年の利用料込みで30万円を払って英会話教室へ申し込み。しかし、1カ月で先生の教え方が合わないとわかりました。契約上、支払後はクラスの変更も中途退会による返金もできないようです。どうしますか？

A　せっかくお金を払ったから「もったいない」と通い続ける

B　より有意義な時間を過ごすために、他の方法を探す

すでに支払って回収できない費用をサンクコスト（埋没費用）と言います。

基本的に払ったお金は戻ってきません。そのため、支払い分の元を取れないことに意識を取られ過ぎる傾向があります。それよりもっと大事な時間をムダにしかねません。

日本では幼い頃「お金や時間を大事にしなさい」「無駄遣いをしない」「もったいない」と大人から教えられます。素晴らしい考えだとは思いますが、時に合理的な選択の足かせになることもあります。

有名なケースに、超音速旅客機「コンコルド」の開発プロジェクトがあります。開発に多額の費用と時間をかけていたものの、製作中に完成しても採算が取れないことが判明します。

しかし、すでに多額のコストをかけたため、プロジェクトを止めるわけにはいかないと判断されました。その後、さらにムダな投資予算がつぎ込まれた挙げ句、計画は失敗してしまいました。まさに、サンクコスト・バイアスによる典型的な失敗例です。

もっと身近な例で考えてみましょう。楽しみにしていた映画を見に行ったのに、始まったら全然楽しくなかった、という場合はどうでしょうか。

チケット代がもったいないから一応最後まで見るのか、時間がもったいないから映画館を出て別のことをするのか。

後者の方が、結果として有意義な体験ができると思いませんか？

第1章で述べたように、ファイナンスマインドでは未来の価値を大切にします。ここでは「もったいない精神」はちょっと脇に置いておきましょう。

認知バイアス解決策

ここまで、テストの結果はいかがでしたでしょうか。

自分のバイアスの傾向が見えてきましたよね。

人間にもともと備わっているものですから、すぐに直すのは難しいでしょう。しかし、何も対策がないわけではありません。

それぞれのバイアスに対して、どんな対策ができるか紹介します。

①確証バイアスの対策

主張する選択肢に反する情報を意識して集めましょう。

自分が良いと思う選択肢を補完する情報は、決断のプロセスの中で積極的に探しているものですが、ネガティブな情報はかなり意識しないと集まりません。最終的に、ポジティブな情報よりもネガティブな情報のボリュームが多いくらいがちょうど良いと思います。

家族や上司など説得すべき相手がいる場合は、相手から出されそうな反対意見にまつわる情報を集めると良いでしょう。

また、自分と正反対の考えを持っている人に意見を聞くことも効果的だと思います。例えば、楽観的な性格の人や直感に頼りがちな人なら、否定的なものの見方が得意な人や保守的な性格の人に、自分の決断に対する率直な意見を出してもらうと良いのではないでしょうか。

デメリットに対して必要以上にナーバスになる必要はありません。調べることで、より最適な方法や時期が見つかるかもしれませんし、思い込みを正す機会になります。

さまざまな材料を準備してようやく相手も説得できる主張が可能になるのです。

②現在性効果の対策

解決策の一つに「コミットメント手段」があります。コミットメントとは約束や公約のことを指します。

決断を先延ばしするクセを防ぐためには、二つの方法があります。

- **ゴールまでの工程を細かく区切って、達成の度合いを見える化する方法**
- **目標未達に対する罰則規定を設定する方法**

夏休みの宿題で考えてみましょう。

まず、宿題のボリュームを夏休みの日数で割ります。いつまでにどこまで進めるかを計画し「達成したら外食に連れて行ってもらう」「逆に達成できなかったら1週間オヤツ抜き」といった賞罰ルールを家族と共有します。周りの人に目標を宣言し、自らを縛ることも効果的でしょう。

こうして、計画に対するコミットメントを強化することができます。

③プロスペクト理論の対策

実は、完全に「確実性効果」と「損失回避」のバイアスから逃れることは非常に難しいそうです。しかし、「フレーミング効果」が、その程度を緩和すると言います。選択肢の表現（フレーミング）を変えるだけで、人のリスク志向やリスク回避性を変えることができるというものです。

例えば「このプロジェクトが成功する見通しは50％」は「このプロジェクトが失敗する可能性は50％ある」と言い換えてみます。こうすると、気持ちの持ち方や取り組み方にも大きく差が出てきそうですよね。

このように、選択肢を別の視点で言い換えてみようということです。

言い換えるときのポイントは「裏から見るとどんな表現になるか」です。

「あなたの意見に反対する人は会場の60％います」と言うと凹みそうですが、「会場の40％があなたの意見に賛同しています」と言うと勇気が湧きそうです。

別の視点で言い換えることで、客観的な評価を行っていきましょう。

④現状維持バイアスの対策

選択肢の価値とリスクを見える化することで、影響を受けにくくなります。「新たな行動を起こすことで、予想されるリスクは何があって、その可能性はどれくらいあるのか」を具体的に洗い出せば、行動を起こしやすくなるでしょう。

新たな決断と現状維持のどちらの価値が高いか、正しく評価することが大切です。

⑤サンクコスト・バイアスの対策

「過去に払ったお金をムダにしたくない」「過去の自分の選択が間違っていたと思いたくない」。こうした考えが出たら、選択を惑わせるバイアスが働いているサインです。

決断では、これから発生するコストとリターンだけを考えましょう。過去に費やしたコストをいかに意識の外に排除するかが大切です。

英会話のケースでは、今まで支払ったお金と時間を考慮しません。そのお金はどうあがいても決して戻ってこないのですから。もっと効果が出そうな学習方法はないか、改めて考えましょう。

あらかじめ「撤退条件」を決めておくことも大切です。英会話スクールのケースであれば「6カ月経っても全く成果がみられなければ退会する」と事前に決めておけば、過去のコストは気にならなくなるのではないでしょうか。

初めの決断の結果が良くなかった場合に備えて、その後の選択肢を用意できていないと、サンクコストにとらわれてしまいます。

原因③ 直感

ヒューリスティックスとは

日常で直感に全く頼っていない人はいないと思います。

外を歩いていて急に自転車が道路脇から現れたとき、右に避けるべきか、左に避けるべきかを冷静に分析する人はいないはずです。このような場合、目の前の出来事に対して無意識に状況を判断しています。

日々の生活でも、無意識に洋服やランチのメニューを決めたり、夜中にAmazonでポチっと衝動買いしたりすることが多いのではないでしょうか。

ノーベル経済学者であるダニエル・カーネマン教授の研究によると、人は決断するとき、大きく2種類の思考過程(二つの「思考システム」)をとっているそうです。

一つは、外部からの情報に対し、「素早く」「無意識に」「条件反射的に」行われます(システム1)。直感による決断がこれに該当します。

もう一つは、しっかり時間を取って、頭の中で必要な情報収集や状況整理をして選択を行います(システム2)。いわゆるロジカルシンキングと呼ばれるものです。

人は無意識にこの二つの思考を使い分けています。いつどちらの思考を使うかは、人によって異なります。同じ場面でも、直感型と熟慮型で分かれるのです。

ただ、人は時間や心理的負担などのコストをかけずに、できるだけ楽に選択したいと考える傾向があります。そのため、本来はシステム2でしっかり考えるべき場面をシステム1で済ませようとします。

これは「ヒューリスティックス(拙速《せっそく》による意思決定)」と言われるものです。

ここでは、多くの人が陥りやすい直感のクセを紹介します。

①代表性ヒューリスティックス

確率に基づいて実現の可能性を検討する場合、印象的な代表例に引っ張られてしまうことがあります。

次のテストをやってみましょう。

〈テスト1〉

歪みのないコインを6回投げたところ、すべて「表」が出ました。次に出るのは「表」と「裏」どちらでしょうか？　また、その確率はどれくらいでしょうか？

A　表

B　裏

「6回も続けて表が出ているから、次は裏が出る可能性（確率）が高い」と思う方も多いかもしれません。

しかし、6回のコイン投げの結果は、次のコイン投げに影響を与えません（「独立試行の確率問題」）。次に「表」が出る確率も「裏」が出る確率も2分の1です。実際にコイン投げを数千回、数万回と繰り返せば、「表」が出る確率はどんどん2分の1に近づいてくるはずです（「大数の法則」）。

それにもかかわらず、表が連続して6回出ている結果に引っ張られて、次の結果を予想してしまいます。これが「代表性ヒューリスティックス」です。

②利用可能性ヒューリスティックス

論理的かつ客観的な選択をするためには、最低限必要な情報を集め、それらの情報を適切に扱わなければいけません。

しかし、時間がなくて焦っていたり、イライラしていたりすると、自分の記憶や容易にアクセスしやすい情報に飛びつきやすくなります。

例えば、自然災害やパンデミックが発生すると、混乱状態の中でさまざまな情報が錯綜《さくそう》します。経験したことのない事態に、精神的に不安定にもなるでしょう。

すると、SNSや周囲の会話の中から、冷静な状態ならとても信用しないような情報さえ、あっさり信じてしまうこともあります。テレビもこの効果を利用していると言えるかもしれません。

Facebook や Twitter のタイムラインにはあなたがフォローする人や「いいね」を押した人の情報しか出てきません。あなたにとって耳当たりの良い情報しか表示されないのです。

SNSだけを見ていると、あなたにとって都合の良くない「事実」は見えてこない、ということを覚えておいた方がいいでしょう。

センセーショナルな事件やインパクトの大きいコマーシャルは記憶に残ります。結果として「現代は凶悪犯罪が増えてきている」「この商品は今とても売れている」などの判断につながり、決断に強く影響を与えることもあります。

③アンカリング効果

アンカー(anchor)とは英語で船の錨のことです。アンカリング効果とは、本質的には全く関係のない情報に引きずられ、思考が限定されてしまうことを指します。

例えば、売買交渉の場で売り手から「100万円」を提示されたとします。するとその金額には何の根拠もないのに、いつの間にか交渉の「発射台」になってしまうことがあります。最終的に売り手から「50万円で」と言われると、本当は30万円程度のものだったとしても、真実を知らない買い手はリーズナブルに感じる、というわけです。

ヒューリスティクス解決策

これらの直感のクセは、情報に対する意識を変えることで解消できます。

決断までのプロセスでは、何度も情報を集めて検討します。その際に気を付けるべきことをまとめます。

①情報量が妥当かどうか

情報(サンプルデータ)が、母集団に対して検討に耐えうる量かを考えます。

②一次情報かどうか

目の前に流れてきた情報に惑わされず、政府・官公庁が発表するような信頼できる一次情報にあたるようにしましょう。

③情報源が信頼できるか

SNSで流されるフェイクニュースなどは、全て情報の出どころが明らかになっていません。また、情報のソースが表示されていても、実際は存在しなかったり、それ自体フェイクだったりします。

情報ソースは明らかになっているか、誰が発信しているかを確認しましょう。

また、心身共に調子が崩れているときは、重要な決断は控えた方が良いでしょう。

④情報量は十分か

集めた情報を整理して、一つの情報や少ない情報をもとに決断していないか確認しましょう。

⑤情報のソースに偏りはないか

取引相手など利害関係者からの情報だけに頼っていないでしょうか。友人や家族など、利害関係のない第三者からの助言も参考にしましょう。

冷静に決断する助けになります。


ここまでさまざまな認知のクセを紹介してきました。

「時間がないとき、特にそうなるかも」「大事な場面では、よくある……」など、自分の傾向が見えてきたと思います。

しかし、ここにあるのは代表的なものの一部です。他にもたくさんありますし、これから発見されるものもあるでしょう。

いきなり、全て完璧に対策するのは難しいと思います。

まずは「自分はこの傾向があるな」と思うものについて、対処することから始めましょう。

次章で説明する決断までのプロセスでチェックできるよう、バイアスをまとめて一覧にしました（次ページ参照）。決断までのプロセス毎に使用してください。特に、最終的に決断する段階では必ず見てほしいですね。

バイアスのチェックリスト

リスクに関すること

- □リスクを正しく理解できているか
- □リスクを見える化できているか
- □リスクを下げる方法があるか

決断に関わること

- □ポジティブな情報ばかり集めていないか
- □現在の価値よりも未来の価値を重視できているか
- □損得でリスクの評価がぶれていないか
- □現状維持に陥っていないか
- □「もったいない」という思考にとらわれていないか

直感に関わること

- □自身の経験や周りの意見など、わずかな情報だけで判断していないか
- □自分の記憶やSNS上の情報だけで、判断していないか
- □初めに得た情報に、判断が左右されていないか

第3章

ケースでわかる！「選択のプロセス」～理論編～

「決められない」を変える五つのステップ

選択のプロセスとは

第3章では、ファイナンスの理論に基づく、決断までのプロセスをお伝えしていきます。

各プロセスで「やるべきこと」を解説した後、ケーススタディで具体的な実践例を紹介します。

ケーススタディは「ビジネス英語を身につけるために、どこで学ぶべきか」（ケーススタディ①）という投資的な側面が強い場面と「消耗品や日用品をどこで買うか」

決断までの五つのステップ

- **ステップ①** 「あるべき姿」をしっかりイメージする〈課題・ゴール設定〉
- **ステップ②** 選択肢をつくるための情報を集める〈情報収集〉
- **ステップ③** 選択肢を用意する〈選択肢の設定〉
- **ステップ④** 各選択肢の価値を評価し、決断する〈評価・決断〉
- **ステップ⑤** 振り返りをする〈フィードバック〉

（ケーススタディ②）という消費的な側面が強い場面を用意しました。

日常やビジネスにおける小さな場面で「どのようにファイナンスマインドを実践すべきか」「認知の歪みにどう対応すべきか」の参考にしていただけたらと思います。「自分ならどうするか」「別の場面ではどう判断すべきか」と考えながら、読み進めてみてください。

決断のプロセスには五つのステップがあります。

①「あるべき姿」をしっかりイメージする〈課題・ゴール設定〉

②選択肢をつくるための情報を集め

る〈情報収集〉

③選択肢を用意する〈選択肢の設定〉

④各選択肢の価値を評価し、決断する〈評価・決断〉

⑤振り返りをする〈フィードバック〉

②以外でも、各ステップで必要な「情報収集」は行いますが、選択肢をつくるための情報収集は他のステップで行うものに比べて複雑になりますので、一つのステップとして設けています。

この五つのステップには、ファイナンスのポイントが詰まっています。決断のプロセスが身に付けば、ファイナンス的なモノの見方ができるようになるでしょう。

段階的に決めるメリット

段階的に決断することには、大きく二つのメリットがあると考えています。

①論理的な思考力が身に付く

決断のプロセスは「決断」という大きな作業を小さな五つの作業（ステップ）に分割しています。

各ステップでは、一つの項目について情報を集め、検証していきます。繰り返せば、自然と順序立てて物事を考える力が身に付くでしょう。

特に「時間がない」「心身の調子が良くない」など、特定の条件や感情、直感や雰囲気に左右されがちなときは、客観的に見る力が必要です。慌てずに五つのステップを踏むことで、冷静さを取り戻せるでしょう。

②問題点がすぐわかる

決断の精度を高めるためには「振り返り」が不可欠です。

思い通りの結果にならなかったとき、各プロセスを見返すことで、どこで何につまずいたのかが見えてきます。

「正しい決断に足りない要素は何だったか」「リスクに対する備えは十分だったか」「振り返りのタイミングは適切だったか」など、具体的な問題点がわかるでしょう。

そこから「遅れを取り戻すためにはどうすべきか」「次は何に気をつけたら良いか」といった、今後の方針と次回の対策につながります。繰り返すことで、決断力が磨かれていくでしょう。

また、周りの人が悩んでいるときも、ステップで行ったことを一つ一つ確認すれば、何をクリアすべきかアドバイスできると思います。

つまり、**決断力だけでなく客観的かつ論理的に考える力も磨かれます。**

それでは、次から五つのステップを詳しく解説していきます。

初めから「完璧にこなそう」と力まなくて大丈夫です。さまざまな場面で繰り返し練習することで、少しずつ身に付きます。焦らず取り組みましょう。

ステップ①「あるべき姿」をしっかりイメージする

「なぜ決断しようとしているのか？」を考える

最初のステップは「課題認識」と「ゴール設定」です。

全ての決断には「課題＝この決断によって解決したいこと（目的）」と「ゴール＝決断の結果、実現したいこと（目標）」が必ずあります。

しかし、大事な決断にも関わらず、この二つを認識しないまま行動しているケースが多いように思います。

決断までのステップ①

ステップ①
「あるべき姿」をしっかりイメージする
〈課題・ゴール設定〉

ステップ②
選択肢をつくるための情報を集める
〈情報収集〉

ステップ③
選択肢を用意する
〈選択肢の設定〉

ステップ④
各選択肢の価値を評価し、決断する
〈評価・決断〉

ステップ⑤
振り返りをする
〈フィードバック〉

まず、課題の認識をしましょう。

すでにゴールがはっきりしている人は、ここは飛ばしても構いません。「海外に行きたい」「英語を勉強したい」「新しい服が欲しい」など、「〜したい」という願望はあっても、目的が漠然としている場合はここから始めましょう。

例えば「転職するか、今の会社にとどまるか」を悩んでいるとします。

その場合、いきなり求人情報を眺める前に、「なぜ転職しようとしているのか」を整理しましょう。

何か行動を起こそうとするとき、必ず理由があるはずです。大抵の場合、それは現状維持では解決できないことが多いでしょう。「現状」と「理想」の間にあるギャップが課題です。

課題の認識のために、まず「現状」を明らかにしましょう。

転職を促す事柄は何なのかを考えてみます。職場の人間関係にストレスを感じていたり、給与などの条件に不満があったり、仕事の内容に満足できていなかったり。

いろいろな現状が見えてきたら「月給18万。業界平均より5％低い」「人間関係のストレス度は10段階で7くらい。仕事の満足度は4くらい」といったように、その現状を可能な限り具体的に数値化してみてください。

難しければ、「会社に行きたくなくて、月曜日の朝なかなか布団から出られない」「常に職場のことを考えてしまう」など、私生活にどれくらい影響が出ているか検証してみると良いでしょう。

それから「理想（あるべき姿）」についても考えましょう。

どれくらい手取りがあれば良いか、どんな環境で働きたいか、どんな仕事に挑戦して、将来どれくらいの稼ぎを得たいのか。こちらも数値化できると良いですね。

現状と理想を把握できると、「決断によって解決できたらハッピーなこと」が見えてくると思います。これも「それが解決した場合、どれくらいハッピーになれるか」を10段階で評価してください。

その結果、解決後のハッピー度が低く「たまたま嫌なことがあって気分が悪かっただけかも。よく考えたら転職するほどではないな」と思うかもしれません。

できるだけ具体的かつ数値化して考えることで、客観的かつ冷静に判断することが可能になるでしょう。

課題の認識は、決断そのものの必要性や決断の方向性を確認するためにも大切です。「なんとなく嫌だから」という理由だけでは、転職以外の簡単な解決方法を見落としてしまう可能性もあります。

転職するという結論に至ったとしても、求人を比較する際の明確な基準がなければ、余計な選択肢を用意してしまったり、最適な選択肢を排除してしまったり、考慮すべき条件や必要な情報を見逃してしまったり、直感や気分で決めてしまったり……。

その後の選択のステップに影響を及ぼし、「なんでちゃんと考えなかったんだろう」と後悔することになるでしょう。

そのため、**課題が見えない場合は、身の周りの第三者に意見を求めてください。**

心身の不調を感じたとき、医師へ相談するのと同じことです。

なんだか最近体調がすぐれないという悩みに対して、素人が「ただの風邪だ」と判断し、市販の風邪薬を飲んで悪化してしまったら大変ですよね。すぐ病院へ行って「特定の病気」という課題を把握すれば、早く回復できる可能性が高まります。

決断において、課題をどう解決するかよりも、その前にそもそも解決すべき課題は何なのかを正確に捉えることの方が大切です。

早く課題を解決したいと焦る気持ちもわかりますが、課題の認識は後のステップにも影響します。効率良くステップを進めるためにも、ここはじっくり腰を据えて考えましょう。

「実現したいこと」を明確にする

次に、決断の「ゴール」を設定しましょう。

ゴール設定ではまず、先ほど認識した課題の解決を踏まえ、大きなゴールを決めます。そして、大きなゴールを達成するための小さなゴールを設定していきます。

大きなゴールは抽象的なものです。

例えば、「自社のサービスで社会貢献する」といった会社のミッションやビジョン、「金融業界でトップレベルの営業マンになる」などの個人のキャリアにおける目標などがあげられます。達成までの期間は3〜5年くらいと比較的長期で設定します。大体の予算や収益もここで決めます。

小さなゴールは、より具体的なものです。大きなゴールを踏まえて「何年目までに売り上げ20％アップを目指す」など、数字で表すものが多くなります。達成までの期間は、大抵半年〜1年ほどで設定します。ゴールによっては、数日〜数カ月単位と比較的短期になるでしょう。

具体的な「目標数値」は、インターネットや書籍などで一般に公開されている基本的な情報などを参考に設定します。スキルや収入アップのための転職をゴールにするのであれば、部署内の目標数値や平均売上、企業のホームページや求人などが重要な情報源となるでしょう。

コストや最低限得るべき利益などについても、同様に情報を集め、決めておきます。

先ほどの転職のケースで考えてみましょう。まず、大きなゴールからです。

この場合、「月給18万。業界平均より5％低い」という現状の課題を解消した上で、「転職後にどんなことが実現できたら良いか」と、さらに上のレベルの視点で考えてください。

「最速で勝てる土俵か」「投資的か」「キャッシュフローに問題はないか」など、ファイナンスマインドのポイントを満たすゴールにしましょう。このケースでは、大きなゴールを「営業トップになって独立」と設定します。

次に、大きなゴールから逆算して小さなゴールを考えていきます。

「転職して1年後に現職より〇〇％給与アップ」→「6カ月目で新規顧客を3～5件受注」→「3カ月で既存顧客の単価3～5％アップ」など、達成時期と数字をできるだけ明確にします。

この場合、目標数値は現在の年齢や勤続年数、職務内容（営業、企画、製造など）、業界や企業の状況（成長著しいスタートアップ企業か、成熟市場の大手企業か）などから検討すると良いと思います。転職候補先や競合他社に勤務する人にヒアリングすると、さらに精度が高まるでしょう。

ロールモデルとなるような人がいれば、その人の売り上げや目標を参考にしても良いと思います。

大きなゴールがないと、「なかなか希望の条件がない。転職活動にも疲れたし、この辺でいっか」と重要な条件を妥協して、失敗する可能性が高くなります。状況に合わせた軌道修正は必要ですが、目的を果たせなければ本末転倒です。

小さなゴールの設定によって、達成度やゴールの妥当性を確認できます。数値を高く設定し過ぎたり、期間を短く設定し過ぎたりしたら、修正します。アクシデントによって思い通りにいかなかった場合も、ここで立て直します。

また、ゴールがあればステップ⑤の振り返りで、決断の結果を検証できます。「どれくらい達成できたのか」「ゴールの設定は適切だったのか」など、細かいチェックが可能になります。

ケーススタディ①

では、一つのケースに当てはめて考えてみましょう。

Ａさんは I T エンジニアです。今は日本で働いていますが、将来は海外の企業に勤めたいと考えています。Ａさんはエンジニアとしての技術は周りから高く評価されているのですが、英語が苦手。数年前に受験したＴＯＥＩＣの点数は４００点台でした。日常会話もままならず、海外旅行も一人で行けません。このままではマズイ……。

そこで、未来のゴールを見据えて、英語を本格的に勉強することにしました。問題はどうやって学ぶかです。英会話教室に通うのか、オンライン英会話を利用するのか、留学生に教えてもらうのか、独学か……。さて、どうしたら良いでしょうか。

順番に考えてみましょう。

この場合、課題は「英語ができない」ですね。ただ、英語の何が苦手なのか、もう少し現状を深掘りしましょう。Ａさんはなかでもスピーキングやリスニングが苦手のようです。課題を修正して「英語で話したり聞いたりすることができない」とします。大きなゴールはほぼ決まっているようです。「５年後に海外でエンジニアとして働く」ですね。

小さなゴールはどう設定したら良いでしょうか。

まず、海外で働くためにはどの程度のレベルの英語力が必要なのか、外資系の求人情報や英会話教室が発信している情報などから想定すべきでしょう。知人に海外在住の人や外資系の企業に勤務している人がいれば、聞いてみても良いと思います。

今の自分のレベルも考慮して、ざっくりと次のようなゴールにしてみます。

半年後：高校までの基本的な英語を復習。ＴＯＥＩＣ５００点
１年後：日常会話ができる。ＴＯＥＩＣ６００点
３年後：ビジネス英会話ができる。ＴＯＥＩＣ７００点以上
５年後：ディスカッションができる。ＴＯＥＩＣ８００点以上

ステップ⑤で振り返りを行うと、課題やゴールの修正が必要になることもあります。突発的な環境・優先順位の変化によって、大きく方向転換しなければならないこともあるでしょう。あくまで目安として設定し、柔軟に対応することが大切です。

予算は直近の収入をもとに、5年後の目標に向けて、英語学習にかけられるコストを算出します。コスト重視にならないよう、最低限得るべき成果についても考えておきましょう。

会社や家庭の事情で勉強が滞ったとしても、5年後にTOEICで700点までは取れるようにするといった、最低ラインを設定します。昇給や報償金の基準として設けられている点数を基準にしたり、目指している業界や会社が求人への応募条件として提示している点数に定めたりしても良いでしょう。

ケーススタディ②

もう一つ、消費の場面でも考えてみましょう。

ファイナンスは主に投資の場面で使われるものですから、消費の場面に応用すると、少々無理やりに感じるところもあるかもしれません。また、ファイナンスに対して知識のある方からすると場違いに感じてしまうかもしれません。

ただし、投資的な思考は意識しないと、なかなか身につかないものです。日頃から物事をファイナンス的な思考プロセスで考える練習だと捉えて、考えながら読んでみてください。

Bさんは最近転勤に伴い引っ越しをしました。新しい職場で早速大きな仕事を任され、多忙な日々を過ごしています。

そんなある日、シャンプーや歯磨き粉がなくなりそうなことに気付きました。時間とお金の節約のために、できるだけ近場で安く手に入れたい。今後こうした生活消耗品をどこで購入すべきか？

この場合の大きなゴールは「快適かつお得に日用品を購入し、できるだけ多く、自由な時間とお金を手に入れたい」でしょう。駅や自宅周辺に店舗はあるか、セールはいつか、最短で手に入れる方法は何かなど、情報収集が必要ですね。

小さなゴールはケーススタディ①よりも短期的に設定すべきというか、このケースなら必要ないかもしれません。

予算や利益（この場合はどのくらい金銭的・時間的節約が必要か）の算出も含めて「やるべきこと」を小さなゴールとして設定してみましょう。シャンプーや歯磨き粉は、あとギリギリ1週間分くらい残っているとして考えます。

1〜2日目：家計を見直し、生活消耗品にかけるべき金額を確認する
3〜4日目：仕事からの帰り道に何があるか確認したり、ネットの地図を見たりして、最寄り駅・家周辺のお店を調べる
5〜6日目：店舗のホームページやネットショップなどから商品の価格帯を調べる、来店以外の購入方法や近くの駅に店舗がないか調べる
7日目：購入先・方法を決めて、商品を手に入れる

消費の場面で、小さなゴール設定をするのは難しいかもしれません。こじつけのよ

うに感じることもあるかもしれませんが、正解を求めたいわけではないので、思考の訓練だと思ってやってみてください。

ステップ② 選択肢をつくるための情報を集める

ビジネスではどんな情報が必要なのか

選択肢をつくるために、必要最低限の情報（文字）やデータ（数値）を集めます。

最高の料理には良質な材料、素晴らしい小説には徹底したディテールの取材や調査が求められます。同じように、選択肢をつくるためには情報が必要です。課題・ゴールによって、必要な情報は変わります。

ただし、ファイナンスマインドにおいて、最低限必要なものがいくつかあります。

決断までのステップ②

ステップ①
「あるべき姿」をしっかりイメージする
〈課題・ゴール設定〉
ステップ②
選択肢をつくるための情報を集める
〈情報収集〉
ステップ③
選択肢を用意する
〈選択肢の設定〉
ステップ④
各選択肢の価値を評価し、決断する
〈評価・決断〉
ステップ⑤
振り返りをする
〈フィードバック〉

例えば、ビジネスの世界で、新規事業を始める場合で考えてみましょう。

まず、どんな事業が可能かについて情報を集めることはもちろんのこと、「結局、そのビジネスは儲かるのか？」を明らかにしなければなりません。

そのためには、次のような情報やデータが必要です。

①どれくらいの投資コストがかかり、そのお金（支出）はいつ発生するのか

②そのプロダクツやサービスを求める対象顧客はどれくらいいるのか（マーケットの規模はどれくらいか）

③そのプロダクツやサービスに競合は存在しているか、または出てきそうか。競合他社の動きはどうか（マーケットシェアはどれくらいおさえられるか）
④いつ市場に参入し、いつキャッシュ（儲け）を回収できるか

その他、次のような定性的な情報も集めましょう。

- **ビジネス環境を知る上での専門家の見解や周りの人の意見**
- **会社としての強み（得意な点）、弱み（苦手なところ）**

決断の結果が会社の将来に大きく影響を与える可能性がある場合、多面的かつ緻密《ちみつ》に分析した上で意思決定が求められます。

ただし、現時点で全ての情報を入手することはできません。また、未来に関わる数字は、外部環境の変化などによって大きく変わるものもあります。

つまり、関係者が「現時点」で意思決定するために、必要充分な情報やデータを集めます。このとき全て集まらなくても構いません。「情報やデータがない」「情報源が怪しい」というのも一つの情報になります。

情報量や情報の絶対的な正しさよりも、大切なのは「こういう理由でこの数字を設定しました」と、論理的に説明できるかどうか。第三者が検討したときに、合理的な決断であると「納得感」が得られるかどうかです。

論理的かつ合理的な根拠に基づく判断は、リスク管理につながります。振り返りで、決断の根拠や情報量が適切かどうかも検討しやすくなります。

そのため、これらの情報は最低限押さえておきましょう。本や新聞、雑誌、ネット、周りの人の意見など、オンラインからオフラインまで、可能な範囲で幅広く集めるようにしてください。

日常の選択の場面ではどんな情報が必要か

先ほどの情報を簡単に言い換えてみます。これなら、日常の業務や学習、生活の場面にも当てはめやすいでしょう。

①かかるお金、お金を払う時期
②ゴール達成の可能性
③ライバルやベンチマーク（目標）にする人の情報、具体的な行動
④実行できる時期、ゴール達成の時期

情報を集めるときには、一つ注意があります。

大抵の決断は期限付きです。特にビジネスシーンでは、スピード感のある決断が求められます。「何の情報を集めれば、正しい決断ができるか」を素早く判断し、行動しなければなりません。

制限時間を決めて、「どんな手段があるか」＋①〜④について、一つずつ順番に情報を集めましょう。「今何を調べているのか」を忘れてしまうと、ただ果てしなくネットサーフィンをして終わってしまいます。気付いたら、関係ない動画や本を見ていた……なんてことにならないようにしましょう。

さらに、バイアスにも気を付けてください。ある程度情報が集まったら、内容に偏りがないかをチェックしましょう。足りないものがあれば、追加で調べてください。

セミナーやコンサルティングをしていると「情報がないから、現状維持を選んだ」という声をよく聞きます。この場合「何の情報をクリアにすれば決断できるか」を把握できていないことが多いようです。

確かに、特定の分野に詳しい人でないと判断したり、情報を入手したりすることが難しいこともあると思います。そのときは、手元にある情報や自身の経験から想像するしかありません。**決断力を上げるためには、想像力や思考力も必要**なのです。

何も考えず何も行動しないままでは、決断力は上がりません。思考の訓練だと思って取り組み、勇気を出して実行することが大切です。

あらゆる結果のパターンを想定し、うまくいかなかったときの選択肢を用意しておいたり、方向転換するタイミングを決めておいたりすれば、決断するハードルは下がるはずです。

また、有益な情報を得るためにはさまざまな分野のプロと仲良くなっておくこと、幅広い分野の知識を蓄えることも、ファイナンスマインドを高める大切な要素の一つです。日頃から幅広く学び、人脈を広げる習慣を持ちましょう。

ケーススタディ①

四つの情報をこのケースに当てはめてみます。

①料金、支払時期、支払方法
②上達度
③ライバルやベンチマーク(目標)にする人の学び方や学習状況
④開始可能な時期。学習効果が出る時期

では、順番に集めていきましょう。

まず、どんな学習方法があるか思いつく限り書き出します。

その後、リアルとネットの両方を活用してさらに調べましょう。最近ではYoutubeやTikTokなどで、英語学習の発信をしている人もいるので、Aさんが学校で勉強していたときより、効率の良い方法が見つかるかもしれません。

ネットでは「英語学習」「リスニング」「スピーキング」などのキーワードで上位に

くるものや検索数の多いものについては、基本的な情報を押さえます。職場の人や同じ職種の人で、英語を勉強している人がいたら聞いてみると良いでしょう。

それから、①〜④に関する情報を集めましょう。ここは先入観なしに見ていくことが大切です。それぞれ10個ぐらいを目指します。

①料金、支払時期、支払方法

数十万円のコース料金を初めに払うのか、数千〜数万円の授業料を毎月払うのか、テキストやツールの購入は必要なのかなど。

支払方法も、一括払いか分割払いか、カードか現金か、口座引き落としかアプリか、収入やライフスタイルに合わせて選べるのかチェックしましょう。

②上達度

提供されるプランでどんなことが学べるのか、どんなことを目指せるのかを確認します。レビューから、どのコースの満足度が高いのか、どんな受講者がいて、何ができるようになったのかをチェックしましょう。

③ライバルやベンチマーク（目標）にする人の学び方や学習状況

この場合「ライバル」は、海外進出を目指すエンジニアや、すでに海外で活躍しているエンジニアでしょう。

その人たちがどんなふうに英語を学んできたのか、どんな知識を必要としていたのかについて情報を集めましょう。ＳＮＳで発信している人がいれば、ＤＭで聞いたりしても良いと思います。

もしかしたら、英語よりも学ぶべきことがあったり、海外を目指すエンジニアが今後増えて、競争が激しくなる可能性があったりするかもしれません。

課題やゴールの設定に関わる部分でもあるので、しっかり調べましょう。

④開始可能な時期、学習効果が出る時期

予算や予定にもよると思いますが、受講時期はホームページなどで確認できますね。

ファイナンスは達成スピードを重視しますから、できるだけ早い方がいいでしょう。

予約の取りやすさなど、利便性も大切です。

学習効果の出る時期については、レビューを参考にしたり、体験レッスンなどで質問してみたりすると良いと思います。「3カ月コース」といったプランの期間を一つの目安とするのもありですね。


その他、定性的な情報として、自分が普段どんなスタイルで学ぶのが得意なのかも把握しておくと良いでしょう。マイペースなタイプか、強制力がある方が良いのか、PCやスマホの操作は得意かなど。

また、ネット環境は整っているか、朝と夜どちらの方が勉強時間をつくりやすいのかなど、ライフスタイルの把握も必要です。

ケーススタディ②

「日用品をどこで買うか」のBさんのケースにも当てはめてみましょう。

①価格帯、支払いのタイミング、支払方法
②節約度
③混雑・陳列状況
④購入可能な日時

まずは、購入する場所や方法をピックアップしましょう。

リアル店舗か、ネットの店舗か、駅の近くのお店か、家の近くのお店かなど。

近隣のお店やネットショップの情報を集めるだけでなく、節約や時短について発信している人が、どんなお店や方法で購入しているのかも参考になるでしょう。

①価格帯、支払いのタイミング、支払方法

よく使う商品をいくつかピックアップして、それぞれのお店の販売価格を比べてみると良いと思います。ネットショップであれば、送料や手数料なども比較します。

支払い方法もお店によって異なるので、事前に調べておきます。

クレジットカードのポイントやマイルは使えるのか、独自のポイントシステムがあ

るのか、特典やセール時期など、お得に購入する方法を調べることも大切でしょう。

②節約度

以前購入のためにかけていたお金や時間をどれくらい削減できるのか、比較してみましょう。

③混雑・陳列状況

少し違和感があるかもしれませんが、誰よりもお得に購入したいと考えるなら、その他の消費者をライバルとして設定するのが妥当でしょう。

お店であれば休日の昼間〜夕方、平日の会社帰りの時間にどれくらいお客さんが入っているか、確認できますね。できるだけスムーズに買い物するには、混雑時を避けたいものです。

また、現金以外の購入方法があるか、手に取りやすい陳列になっているか、品切れを起こしていないかなども、購入しやすさのチェックポイントになるでしょう。

④購入可能な日時

リアル店舗であれば、営業日やセール日の確認、ネット店舗であれば最短のお届け日について調べます。リアル店舗でも宅配サービスを行っているところもありますね。すぐ品切れを起こしたりしないかなど、レビューなどもチェックして、ユーザーの満足度やデメリットを調べておきましょう。

その他、自分のライフスタイルの振り返りも必要だと思います。買い物や荷物の受け取りが可能な日時、どれくらいで商品を使い切っているのかなど。

せっかくネットショップの定期便を使ってお得に購入できても、自宅に宅配ボックスがないなら、再配達の手配という手間がかかってしまいます。

どの方法が一番早く確実にモノを手に入れられるのかが重要です。

ステップ③ 選択肢を用意する

選択肢はシンプルにまとめる

選択肢は基本的に「つくる↓絞る」の2段階で整理します。決断の種類によって、選択肢のつくり方は少し異なります。

「○○についてどうすべきか」のような決断の場合は、次の手順で選択肢をつくります。

①選択肢を10個ぐらい考える

決断までのステップ③

ステップ①
「あるべき姿」をしっかりイメージする
〈課題・ゴール設定〉
ステップ②
選択肢をつくるための情報を集める
〈情報収集〉
ステップ③
選択肢を用意する
〈選択肢の設定〉
ステップ④
各選択肢の価値を評価し、決断する
〈評価・決断〉
ステップ⑤
振り返りをする
〈フィードバック〉

②ディシジョン・ツリーを使って整理する

ステップ②で集めた情報をもとに、選択肢を10個ほど用意します。

その後、選択肢をディシジョン・ツリーにまとめます。

ディシジョン・ツリーは情報を整理した樹形図で、意思決定のためのツールです。樹木のように枝分かれしていくので、時系列での並びを可視化して分類することが可能です。漏れやダブりも容易にわかります。

ステップ③では、基本的に「有料か無料か↓誰が↓どこで↓どのように」という順に沿ってつくります。選択肢によって、項目は多少前後します。
また、ディシジョン・ツリーで選択肢をつくるときは、次の2点を意識しましょう。

- **具体的な数字を盛り込む**
- **誰もが客観的に検討できるように専門用語を避け、簡潔な言葉でまとめる**

ディシジョン・ツリーに選択肢をまとめたら、先ほど集めた①～④の情報を反映しましょう。分類の修正が必要であれば行います。

決断が「○○は△△すべきか」のようなYes/Noで答えられるものなら、選択肢も二つに絞ります。情報収集もYes/Noを支持する情報を集めます。
「○○をどれくらいやるべきか」のような数値を検討する場合は、「感度分析」という手法を使います。「期待した通りの状況だった場合」のような、ベースとなる基準値を決めて、そこから上下にブレた「グッドシナリオ」「バッドシナリオ」を設定します。上下の振れ幅は、20～30％程度で考えます。

例えば、居酒屋が昼間の弁当販売を始めるとしたら、月の売上目標はどのように決めるべきでしょうか。

まず、立地条件などから、月に100万円は見込めるだろうと仮定したとします。その場合、お客さんが予想以上に訪れる「グッドシナリオ」なら、売り上げは120万円、思うように宣伝できず客足が伸びない「バッドシナリオ」なら、売り上げは80万円となります。

三つのパターンのキャッシュフローを考えると、月々の最低限必要な売り上げが見えてくるでしょう。

ケーススタディ①（英語学習したいAさん）で、日々の学習計画を立てるときにも使えるのではないでしょうか。

「1日で単語をいくつ覚える」という目標を立てるとします。受験勉強のときのように、1日10個覚えられた「通常のシナリオ」、勉強時間を確保できて12個覚えられた「グッドシナリオ」、忙しくて8個しか覚えられなかった「バッドシナリオ」といったように想定します。そうすれば、TOEICが実施される日までに、1日最低いくつ覚えるべきなのか見えてくると思います。TOEICの結果をもとに、毎日の目標数値を見直して再設定することもできます。

選択肢を絞る

ディシジョン・ツリーを書いたら、以下の点をチェックしながら選択肢を絞ります。

まず、モレとダブり、偏りをチェックします。

他にも有用な選択はなかったかを確認し、選択肢をムダに増やさないために行います。自分の判断が特定の情報・状況に影響されていないか、ファイナンスマインドで考慮すべき点が抜けていないかも確認します。

次の点に注目してください。

①選択肢にモレがないか

・他にも手段はないか

・より高い価値を得る方法はないか
・細分化できるものはないか

②選択肢にダブりがないか

・シンプルに言い換えて、同じ内容のものがないか
・ステップ②で得た四つの情報の数値が似たり寄ったりになっていないか

③選択肢に偏りはないか

・簡単に実行できるものばかりになっていないか
・ゴールの達成や選択肢の実行までに時間やお金がかかり過ぎる、効果の検証が難しいものばかりになっていないか

チェック後、必要であれば選択肢の入れ替えをしましょう。

選択肢は最終的に三〜五つくらいに絞るのがお勧めです。序章で「マジックナンバー7」を紹介した通り、選択肢が多すぎると、人は選択する能力が低下することが

多くの研究で実証されています。さらに、最近の研究では「マジックナンバー4プラスマイナス1」が現実的だとも言われています。
ただ、リスク管理のために、どうしても残しておきたい選択肢が出てくることもあると思います。あくまでも目安ですので多少前後しても大丈夫です。

ケーススタディ①

この場合は「~についてどうすべきか」という決断になるので、ディシジョン・ツリーをつくり、モレとダブり、偏りをチェックします。

①モレはないか

オンラインでもオフラインでも、講師は出身地によって発音が異なる可能性があります。誰に習うかは、どの国で働くか、どの国の人とビジネスをするかにもよってきますね。

フリー方式は講師の自宅を訪れたり、自分の家に招いたり、お互いにとってアクセスの良い駅近隣のカフェで行ったりするスタイルもあるようです。

その他、予約のシステムや価格帯などの点からチェックしても良いでしょう。

②ダブりはないか

インターネットを利用した英会話教室での学習方法において「オンラインの英会話教室」と「アプリを使った英会話」は学習内容・達成時期などにどのような差があるのか、確認した方が良いでしょう。

似ている選択肢については、その違いを明確にすべきです。

③偏りはないか

無料のものや独学スタイルなど、実行しやすい選択肢が多いようです。

Aさんの収入にもよりますが、多少割高でも、よりフォローが手厚い教室を探してみるなどして、英会話教室の種類をもっと細分化してみても良いと思います。

①～③を踏まえて、次の三つに絞ってみました。講師・受講スタイルについては、

いずれもマンツーマンおよび英語が第一言語のネイティブで講師歴10年以上、ビジネス経験あり、で考えることにしました。

・大手の英会話教室（オンラインのみ）
・大手の英会話教室（オフラインのみ）
・個人の英会話レッスン（オフライン）

ケーススタディ②

こちらもディシジョン・ツリーを書いて、同じく選択肢を絞っていきます。

①モレはないか

リアル店舗については、ドラッグストアだけに限る必要はないかもしれません。商品によってはスーパーマーケットで賄えるでしょう。1カ所で全て揃えられる方が、時間の短縮にもなります。

②ダブりはないか

同じエリアのお店は一番安いところ・一番品揃えが良いところ・一番近いところ・一番遅くまで営業しているところなど、いくつかの基準に沿って、その中で一番良いものだけ残せば良いでしょう。

③偏りはないか

無料で得られる方法はないかも確認すると良いでしょう。

Ｂさんは次の三つの選択肢に絞ることにしました。

・駅前の大手チェーンのドラッグストア
・家の近くにあるマイナーだが品揃えの良いドラッグストア
・ネットショップの定期便

いかがでしょうか。慣れないとかなり大変な作業だと思いますが、繰り返せばコツがつかめてくるはずです。

次のステップでは絞った選択肢の評価を行います。ここでも数字を使って考えることが大切です。もう少し頑張りましょう。

ステップ④ 選択肢の価値を評価し、決断する

三つの評価方法

ここでは、それぞれの選択肢の価値をお金で示して評価します。

評価の方法は3通りあります。「コスト・アプローチ（原価法）」「マーケット・アプローチ（取引事例比較法）」「インカム・アプローチ（収益還元法）」です。

①コスト・アプローチ

「どれだけコストがかかったか」で価値を算出します。

計算しやすい手法ですが、それ以外の都合や評価基準は全く考慮されません。

コストをかけても、そのモノ自体の価値が上がる訳ではないということに問題があります。鞄の制作に100万円かけても10万円かけても、鞄以上のものにはならないということです。

例えば、どんなに時間と手間がかかったからと、プラモデル愛好家が自分の作品に数百万円の値段を付けても買う人はなかなか現れないかもしれません。

ゴールの達成度なども考慮されないので、この評価方法で選択肢を数値化しても、結果的に個人で選択肢の評価が分かれるでしょう。

②マーケット・アプローチ

類似する条件の取引事例を参考に価値を示す方法です。

例えば、ベンチャー企業が上場するとします。株価を算出する際、すでに上場している同業他社の株価を参考にして上場価格の理論値を計算します。

Amazonのマーケットプレイスやメルカリで不要な本や洋服を売る際に、既存の売り出し価格を参考にするのと同じです。マーケット・アプローチは、一般的な価値を

決断までのステップ④

ステップ①
「あるべき姿」をしっかりイメージする
〈課題・ゴール設定〉
ステップ②
選択肢をつくるための情報を集める
〈情報収集〉
ステップ③
選択肢を用意する
〈選択肢の設定〉
ステップ④
各選択肢の価値を評価し、決断する
〈評価・決断〉
ステップ⑤
振り返りをする
〈フィードバック〉

考慮します。一言で言えば「平均値」に合わせるということです。

　ただ、全く新しいモノやサービスを売ろうとした場合、既存の取引で比較できないので、価値の評価が難しくなります。

　例えば、2007年にアップル社が初めてiPhoneを市場に投入した際、フィーチャフォン（ガラケー）のような既存の端末デバイスの価格は参考にできなかったと思われます。

　多くの人が実行していない選択肢については、具体的な評価をするのが難しいでしょう。

③インカム・アプローチ

今後の「儲け（キャッシュフロー）」をもとにモノやビジネスの価値を示します。

キャッシュフローの重要性は、よくイソップ童話の「ガチョウと黄金の卵（The goose and the golden egg)」に例えて説明されます。

ある日、農夫は自分の飼っているガチョウが黄金の卵を産んでいるのに驚きます。ガチョウは毎日黄金の卵を1個産み、農夫はどんどん暮らしが豊かになりました。

しかし、農夫は欲に目がくらみ、1日1個しか黄金の卵を産まないガチョウに不満を抱きます。そして、たくさんの金塊を取り出そうと、ガチョウのお腹を割いたのですが、中に金塊はなく、ガチョウは死んでしまいました。

この話の一般的な教訓は、欲張って一度にたくさんの利益を得ようとすると全てを失うというものですが、ファイナンスの世界では、もっと大切な考えを伝えています。

このインカム・アプローチは、ガチョウの価値を飼育費用（コスト・アプローチ）や存在しない取引事例（マーケット・アプローチ）ではなく「毎日1個黄金の卵を産むガチョウ」として、その未来の価値を評価しようという考え方を示しています。

例えば、求人の場面において、企業からすると応募者は「黄金の卵を産むガチョウ」と捉えることもできます。「将来何個の黄金の卵を産むのか」「どの環境なら黄金の卵を産むことができるのか」など、未来の価値を見極めて判断します。

決断のプロセスでは、三つのうち、どのアプローチを使うべきでしょうか。

自分にとっての価値を見極める理想的なアプローチは③です。

ただし、場面によって多少変わってきます。例えば、②は土地や株の売買などの投資の場面で参考にすると良いでしょう。

一つの評価方法で納得できないなら、他の評価方法を試してみるのもありです。

ただ、第1章でお伝えした通り、価値は主観的なものなので、お金による評価だけでは、自分が納得できないことや他人を説得できないこともあると思います。ゴールによってはお金による評価が難しいものもあるでしょう。

その場合は、ファイナンスマインドのポイントである「達成スピード」や「ゴールの達成度合い」などから、選択肢を眺めてみてください。その他、定性的な情報をもとに考えることも大切です。

選択肢の価値を多面的に検証することで、選ぶべき道が見えてくるでしょう。

リスクの度合いで評価する

選択肢はリスクの面からも評価します。

まず、それぞれの選択肢の不確実性について考えます。各選択肢を選ぶことで、ゴールを達成できない可能性がどれくらいあるかを検証します。

そのためには、第2章でお伝えしたリスクの「見える化」をして、リスクへの対策を考えます。

リスクの見える化に必要なことを覚えていますか？

「何が起こりうるか」「どうしたら起こるか」「どうしたら起こらないか」を考えることでしたね。それから、ポートフォリオ理論でリスクを分散しました。ステップ④でこうしたことを行います。

決断する直前、そのときの気分や状況なども整理しておきましょう。バイアスにかかっていないか確認するためです。

最終的な振り返りのためにも、次のことをメモしてください。

- **決断の理由**
- **決断した当時の気分や状況**

さまざまな歪みをチェックし、次の決断に生かすことが大切です。

ケーススタディ①

ここでは③インカム・アプローチの評価方法のみ使用します。

まず、それぞれの選択肢（168ページ）の未来の価値を現在の価値に置き換えます。未来の価値から、不確実性を加味した数値（割引率）を割り引いて表します。

では、現在価値や未来の価値、割引率をどのように設定すべきでしょうか。

企業で事業への投資を検討する場合、毎年見込まれるキャッシュフローから割引率を引いて価値を測るなどします。日常の選択の場面では、数値化することが難しいこともあるでしょうが、大まかに予想することは可能です。

このケースでは、英語のスキルアップによる年収アップのパターンをいくつかシミュレーションし、それぞれの予想金額から、「年間投資コスト＝英語学習にかけた費用」を引き、さらにそれぞれのパターンの不確実性を反映した（割り引いた）数値を現在価値とします。

まず、次の３つの年収増加のパターンがあると仮定します。

パターンＡ　外資系に転職できた場合→年プラス３００万円
パターンＢ　社内異動で海外勤務になった場合→年プラス１００万円
パターンＣ　ＴＯＥＩＣの社内資格制度を利用できた場合→年プラス20万円

さらに、割引率もそれぞれ設定します。

転職・海外赴任が決まるパターンは不確実性が大きいため、転職の場合は50％、海外赴任の場合は30％くらい割り引きます。資格取得による収入アップのパターンは不確実性が小さいので、1％引きくらいでいいでしょう（学習スタイルの選択によっても割引率が変わってくる可能性もありますが、ケースの単純化のためここでは省略します）。

年間投資コストはホームページなどの情報をもとに仮で設定し、計算します。ここでは、仮に①大手の英会話教室（オンラインのみ）10万円、②大手の英会話教室（オフラインのみ）40万円、③個人の英会話レッスン（オフライン）20万円とします。

計算式はそれぞれ次のようになります。ここではシンプルに理解してもらえるように「永久年金モデル」の計算式を使います。

パターンＡ　＝（３００万－年間投資コスト）÷50％
パターンＢ　＝（１００万－年間投資コスト）÷30％
パターンＣ　＝（２０万－年間投資コスト）÷１％

それぞれの選択肢に当てはめると年収増加の「現在価値」は次のようになります。

①大手の英会話教室（オンラインのみ）
↓A＝580万円、B＝300万円、C＝100万円
②大手の英会話教室（オフラインのみ）
↓A＝520万円、B＝200万円、C＝△200万円
③個人の英会話レッスン（オフライン）
↓A＝560万円、B＝267万円、C＝0円

いかかでしょう、事前のイメージ通りでしたか。選択するパターンと学習方法の組み合わせで、大きく価値が変わってくることが理解できたかと思います。併せて定性的なリスク評価についてもみていきましょう。

おおよそ次のようなイメージで考えてみましょう。まず、一つの学習方法を選んだ場合、どのような問題が生じるかを想定してみます。

その後、それぞれの選択肢の未来の価値を10と設定し、問題の数や大きさ、発生率の高さなどのリスクに応じて、マイナス1、マイナス2、マイナス3と引いていき、最終的な数字をその選択肢の価値とします。

まず、それぞれのリスクを洗い出してみましょう。

①大手の英会話教室（オンラインのみ）
・英語が母国語でない教室の講師も多い
・自分でレッスンをカスタマイズする必要があるため、英語学習に慣れていないと最適なものを選ぶのに時間がかかる可能性がある
・場所や時間の強制力がないため、モチベーションが続かない可能性がある
・講師によっては日時が合わない可能性がある

②大手の英会話教室（オフラインのみ）
・入会金、レッスン料金が高い
・場所や時間の融通がきかない可能性がある
・自分の都合に合わせたカスタマイズができない可能性がある
・講師やコースをすぐに変更できない可能性がある

③個人の英会話レッスン（オフライン）

・講師の交通費などが毎回かかる
・人目が気になり集中できない可能性がある
・講師によっては場所や時間を合わせる必要が出てくる可能性がある
・講師の実力やレベルがさまざまで選ぶのに時間がかかる可能性がある

次に、それぞれのリスクファクターを評価します。リスクを評価する際は、キャッシュアウト（コスト）や変動性に注目してみてください。

キャッシュアウトの点で言うなら、オフラインの大手英会話教室で請求される多額の入会金は必ずかかるコストであり、調整することができません。コースの料金も高めに設定されているため、大幅な収入減などが起きたら、学習を続行するのが難しくなる可能性もあります。

後からキャッシュアウトを調整できない・難しい要素は、決断において大きな懸念材料と言えるでしょう。

その他の変動性という点で言えば、格安のオフライン英会話のように、学習計画を一人で立てる必要がある場合、モチベーションの維持や学習に対する不安の解消が難しいかもしれません。

心理的な作用といった定性的なものを数値化することは難しいものです。個人差や状況による変化も大きいため、そうした対策ができない場合、リスクが高いと捉えることもできます。

また、講師選びの不確実性についても考慮すべきでしょう。

英語学習に慣れていない場合、中級レベルの英語力を持つ人には魅力的に思えるであろう「講師の豊富さ」や「自分で授業をカスタマイズできる自由度の高さ」は逆にマイナスになる可能性があります。最適な学習方法や講師を見つけるまでに時間がかかってしまうかもしれないからです。

ファイナンスでは、実行・実現のスピードを重視するとお伝えしましたね。ここでも、コストだけでなくスムーズな学習ができるかどうかに注目しましょう。

その他にもリスクがないか、リスクの度合いはどれくらいか、考えてみてください。

リスクファクターを評価した後は、それぞれのリスクを回避する方法がないか、調べたり、考えたりしてみます。

最近はオフラインが中心の英会話教室でも、オンラインに対応しているところも多いようです。入会金についてもキャンペーンなどでお得になっていることもあります。オフラインのみの英会話教室でも、TOEICなどの資格対策を用意しているところがあるようです。

無料のアプリやツールを使って、リスクを補うことができるかも検討しましょう。

こうした細かいことも詳しく調べることが大切です。


Aさんにとっては、レッスンについてこまめに相談できる方が良いでしょう。

講師に対しても厳しい基準を設けている教室の方が、講師選びに時間をかける必要もないと思われます。オフラインで受ける場所や時間の制約が気になるのであれば、オンラインにも対応している教室を選べば問題ありません。

ケーススタディ②

消費の場面では、先にあげた三つの方法で評価することは難しいので、定性的なリスク評価から検討してみます。

①駅前の大手チェーンのドラッグストア
・帰宅ラッシュの時間帯は混雑する可能性がある
・品物が多いと選ぶのに時間がかかる可能性がある
・買い忘れたら駅に戻らなければならない可能性がある

②家の近くのマイナーだが品揃えの良いドラッグストア
・営業時間・日数が短い可能性がある
・支払い方法が限られる可能性がある

③ネットショップの定期便

・手数料がかかり、リアル店舗に比べて割高なこともある
・サイズが大きいものしか用意されていないこともある
・外出時は受け取れない可能性がある
・適切な配送時期を選択できない可能性がある

まず、立地や営業日時、支払い方法などの条件は調整不可能なため、懸念される要素でしょう。レジに並んでいる時間など会計にかかるコストは見逃せません。

リアル店舗の場合、買い忘れがあったら、もう一度お店に行かなければならず、労力や時間のムダが発生してしまいます。とはいえ、宅配ボックスがない場合、再配達を依頼し指定した時間には家にいなければならないと考えると逆に不便な気もします。

また、定期便の場合、適切な使用量を把握していないと、在庫過多になる恐れもあります。


リスクの回避について考えてみましょう。

例えば、ネットショップで購入する場合、宅配便をコンビニで受け取るサービスを

利用すれば、再配達の依頼の手間を避けられるのではないでしょうか。

Bさんは引っ越したばかりで仕事も多忙なため、できるだけ家事や買い物に時間をかけたくないという思いから、ネットショップの定期便を利用することにしました。基本的に近くのコンビニで受け取れるように設定する予定です。

ステップ⑤ 振り返りをする

反省のポイント

決断した後、一定の期間内にゴールの達成度や各プロセスを振り返ります。

振り返りの時期は、場面やゴールによって異なりますが、まずは定期的に振り返るクセをつけましょう。大きなゴールが3～5年後に達成予定であれば、大体6カ月～1年後の小さなゴールの達成時期を目安に行うことをお勧めします。試験や大会など、成果を確認しやすいタイミングをつくるのも良いでしょう。

振り返りでは結果そのものに一喜一憂するだけではなく、失敗や成功の理由を具体

決断までのステップ⑤

ステップ①
「あるべき姿」をしっかりイメージする
〈課題・ゴール設定〉
ステップ②
選択肢をつくるための情報を集める
〈情報収集〉
ステップ③
選択肢を用意する
〈選択肢の設定〉
ステップ④
各選択肢の価値を評価し、決断する
〈評価・決断〉
ステップ⑤
振り返りをする
〈フィードバック〉

的に考えてください。

主に次の3つのことを明らかにしましょう。

①目的は達成できたか

②選択肢の評価（五段階評価でいくつか）

③なぜうまくいったのか、うまくいかなかったのか

①〜③を明らかにするために、これまでの四つのステップをそれぞれ検証しましょう。

ステップ①の検証　設定したゴールに問題はなかったか

小さなゴールの達成度合いから二つのことを確認してください。

・目標が自分の実力や期限設定に対して大き過ぎなかったか
・目標を容易に達成可能なレベルに過少設定していなかったか

ステップ②の検証　集めた情報に不足はなかったか

集めた情報を見直して、次のことを確認してください。

・情報に関わるバイアスにかかっていなかったか
・自分の思いに肯定的な情報ばかりを集めていなかったか
・自分の事前の見解に反する情報を複数集めることはできていたか
・ネットニュースなどの間接情報についても出典元を調べるなど、定量情報の正確性は検証できていたか
・身近な人の意見だけでなく、専門家や客観的な情報を収集できていたか

ステップ③の検証　消去した選択肢の中に必要なものがなかったか

決断の直前まで残した選択肢を見直して、次のことを確認してください。

・消去した選択肢の中に、外すべきではない（実際は選ぶべきだった）選択肢はなかったか
・あった場合、なぜその選択肢を外してしまったのか

ステップ④の検証　評価アプローチやリスクの評価、決断に問題はなかったか

どの評価アプローチを使ったか、ファイナンスマインドのポイントの中でどれを重視したか、どのようにリスクを評価したかを踏まえて次のことを確認してください。

・別の評価アプローチではどのような結果が出たか
・リスクを重く捉え過ぎていなかったか、軽く見積もっていなかったか、見落としていたリスクはなかったか、リスクの対策は十分だったか
・ファイナンスマインドのポイントに偏りはなかったか
・決断に関わるバイアスにかかっていなかったか、決断当時に判断を左右するような出来事などはなかったか

最後に全体を眺めて、ステップの手順やプロセスについて確認してください。

- **ステップを飛ばしていないか**
- **極端に時間をかけたり、かけなかったりしたステップはないか**

振り返りをしっかり行うことで、決断力アップにつながります。「決断できて一安心」ではなく、今後に生かせるよう忘れずに行いましょう。

振り返り基準をつくる

人は追い詰められると、通常の意思決定ができなくなることがあります。**迷ったときに帰れる「場所」を事前に決めておくことで、安心して適切な決断ができます。**

定期的な振り返りができるようになったら、期間にこだわらない自分なりの振り返りの基準（トリガー）をつくっても良いでしょう。

例えば、資産形成のために、株式投資を始めたとします。急に持っていた株が下がり始めたら、どうしますか？

「もう少し持っていれば更に値上がりするかも」と考えているうちにどんどん株価が下がり、手放すタイミングを完全に失ってしまった、なんてことになったら大変です。

こうした事態を防ぐために、次のような振り返りの基準を決めておきましょう。

- **いくらまで値下がりしたら売却し損切りする**
- **いくらまで値上がりしたら売却し利益確保する**
- **個別銘柄ごとに保有期限を決める（株価の変動は気にしない）**

日常の場面でも使えるように言い換えると、次のようになるでしょう。

- **～まで効果が出なかったら、別の選択肢を考える**
- **～まで効果が出たら、さらに効果を上げるための方法を考える**
- **何があっても、～日間までは選択した行動を続けてみる**

振り返りの基準をつくっておくと、非合理的な判断に迷わされることがなくなります。

ケーススタディ①

TOEICなどの資格試験を受けたタイミングで振り返ると良いでしょう。

ステップ①では、目標の点数やレベルが自分に合っていたか、小さなゴールを達成するための日々の勉強計画に無理はなかったかなどに注目します。

ステップ②では、それぞれの英会話教室や講師の情報をホームページなどでしっかり見比べられていたか、見落としていた点はなかったか、個人の評価に左右され過ぎていないかなどチェックするべきでしょう。

また、自分のレベルや学習スタイルの向き不向きなども適切に把握できていたか、確認が必要です。

ステップ③では、樹形図を見直してみると良いでしょう。コストや利便性ばかりに注目していなかったかなど、見直してください。

ステップ④では、別の方法や別の基準で選択肢を評価したり、想定していたリスクが実際にどのように影響したのか結果を確認したりしましょう。

コースや講師のミスマッチはどの程度起こったのか、その際はうまく対策できたのか、学習内容の見直しはスムーズに行えたのか、期間限定のキャンペーンに惑わされなかったかなどをチェックすると良いと思います。

あらかじめ、次のような振り返り基準をつくっておいても良いでしょう。

- **年内にTOEICでプラス100点取れなかったら、別の選択肢を考える**
- **TOEICの点数が600点を超えたら、さらに効果を上げるための方法を考える**
- **何があっても、半年間は選択した行動を続けてみる**

ケーススタディ②

このケースの場合は、家計を振り返るタイミング、例えば給料日などに設定しておくと良いのではないでしょうか。

ステップ①では、スケジュールを調整して1日にやるべきことを達成できたか、日程に無理はなかったのか、などを確認すると良いのではないでしょうか。

ステップ②では、リアルとインターネットなど、さまざまなチャネルで情報を集めることができていたのか、などがチェックポイントでしょう。

ステップ③では、ケーススタディ①と同じように樹形図を見直します。時間的なコストの削減ばかりにとらわれて、金銭的なコストが余分にかかっていないかなどを見ることが大切だと思われます。

ステップ④では、荷物が受け取れなかったり、適量を頼めていなかったりといった事態はどの程度起こったのか、その後はスムーズに対応できたのか、セールや送料無料の文言に惑わされて余計なものを買っていないかなどをチェックすると良いと思います。

あらかじめ、次のような振り返り基準をつくっておいても良いでしょう。

- **3カ月使ってみて、時間的・金銭的コストが10％以上改善されなければ、別の選択肢を考える**
- **時間的・金銭的コストが25％以上改善されたら、さらに効果を上げるための方法を考える**
- **何があっても、半年間は選択した方法で購入し続けてみる**

第4章

ストーリーでわかる！「選択のプロセス」～実践編～

キャリアプランを考える

人生をシミュレーションしてみよう

「ファイナンスマインドは、人生において大きな決断の場面で使うことがお勧め」と伝えてきましたけれども、多くの方に共通する大きな決断のシーンとして主に三つの場面をあげてみます。

- 入試、就職や転職など人生の節目において新しいことを始めるとき
- ビジネスやプライベート上のパートナーを選ぶとき

・老後のライフプランを考えるとき

第4章では、この三つのシーンを決断に至るプロセスに当てはめて考えたいと思います。

ただ、生活環境や価値観は人それぞれですから、一口に「就職」などと言っても、いろいろなパターンが考えられるでしょう。ファイナンスマインドの中で、どの考え方を重視するのかも、時と場合によってきます。

そこで、架空の人物がある場面で決断すると仮定して「こんなときはどうするべきか」を考えてみたいと思います。進路やキャリアなどに悩む田中君に、先生が「ファイナンスでこう考えてみよう」とアドバイスする、会話中心のストーリーにしています。

「自分だったらどうするか？」と考えながら読み進めてください。

どんなゴールを設定するか、どんな条件や制限があるか、どんな情報をどう集めるか、どんな選択肢をつくるか、どんな決断を下すか、引き返す条件や振り返りのタイミングはどのように設定するかなど人生におけるファイナンスマインドの使い方を想像してみてください。
それでは、見ていきましょう。

「人生の目標」をつくる

ある日の放課後。もうすぐ高校3年生になる田中君は教室で一人、進路希望を記入するプリントを前に腕組みをしています。そこへ、担任の先生が入ってきました。

先生「おや、まだいたのか？　どうした？」
田中「先生、進路のことでちょっと……。どこの大学を受けるべきかわからなくて」
先生「なるほど。田中君の人生にとっては大事な選択だよね。それじゃあ、一緒に『ファイナンスマインド』を使って考えてみようか」
田中「え？　ファイナンスマインド？」
先生「そう。**ファイナンスマインドは何か一つのゴールに向かって、新しいことを**

始めたり、身につけたりするときに役立つ考え方なんだ。自分の現在位置を知り、向かうべき方向を見定めることができる。きっと何か良い解決につながると思うよ」

田中「そうなんですね。わかりました！」

先生「まずはゴールを設定することだ」

田中「もちろん、来年の春から大学生になることですよ」

先生「ちがう。受験のゴールじゃない。田中君の生涯で達成したい『人生の目標』だよ」

田中「人生の目標だなんて、そんな先のことわかりませんよ」

先生「じゃあ、社会人になったらどんな生活をしたい？」

田中「うーん、僕、夢とかないし……とりあえず東京で就職して、都内のマンションから会社に通って、20代のうちに結婚して家を買って休日は家族と旅行したり出かけたり……」

先生「うん。良いじゃないか」

田中「えっ。これで？」

先生「そうだ。勤務場所や働き方、住む場所や住居、休日の過ごし方から、それを実現するために『いくら』必要か見えてくる。ゴールには具体的な数字を入れておくんだ。都内のマンションや一軒家を買うのにいくらかかるのか、20代で結婚している男性の平均年収はいくらか、家族四人で海外旅行に行くにはいくらかかるのか。結果として、いくら稼ぎがあれば良いのか。その数字をゴールにしていけば良いよ」

田中「数字だけで良いんですか？」

先生「とりあえずね。そうすれば、どれくらいの年収があればその生活ができるのか、どんな職業ならその年収を得られるのか、会社の採用基準は何なのか、どんな知識やスキルが必要なのか、どのレベルの大学で学ぶべきなのか……**具体的な数字を調べていくと、進路が見えてくる**んじゃないかな」

田中「なるほど。ゴールから考えると、偏差値が高い大学なら何でも良いってわけでもなさそうですね。でも、必要な稼ぎだけで将来の仕事を決めるのはちょっと……」

先生「そこで、田中君の『やりたいこと』『得意なこと』『求められること』の三つ

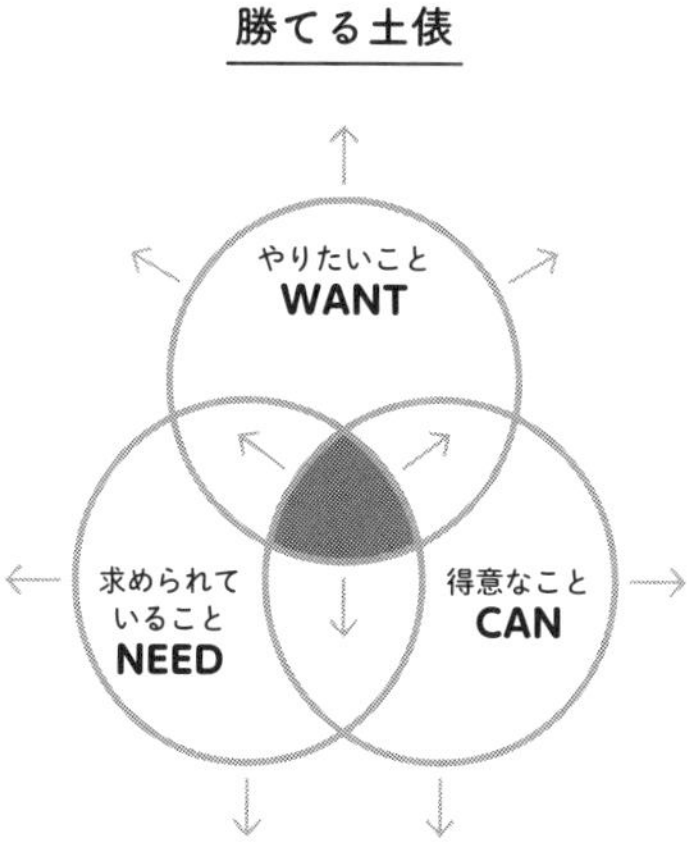

それぞれ３つの輪に対して、知識・スキルの領域を広げ、深めることで、
３つの輪が重なる領域も大きくなる

が重なるものを考えてみるんだ。その仕事がゴールを達成できる可能性の高いキミの理想の職業だ。やりたいことは好きなことやモノ、求められることは人に頼まれたり褒められたり感謝されたりしたことで考えてみてもいいだろう。学校生活だけでなくて、家やバイトなどいろいろな場面を思い浮かべるんだ」

田中「うーん……。好きなものはパソコンですかね。機械に触るのが好きかな。得意科目で言ったら理系だろうし……。学校祭で作業が丁寧って言われたかも」

先生「コンピューターエンジニアとか良いんじゃないか」

田中「そうですね！　でも僕にできるかどうか……」

先生「さらに三つに関することを書き出したり人に聞いたりして、いくつか条件を満たす職業の候補を出してみたらどうかな」

田中「一つでなくて良いんですね」

先生「ゴールの数字と三つの条件に当てはまっていれば良いだろう。ゴール達成までの手段は、時代の流れや自分の成長率などによって、変えなければいけなくなることもある」

田中「**手段よりゴールにこだわる**んですね」

先生「そう。それから、希望する業界に多い出身大学や卒業後の就職状況を調べて、その仕事に就く卒業生が多かったり資格の対策がしっかり取られたりしている大学を比較してみたら良いんじゃないか？　ここでも、三つの条件に当てはまるものを軸に候補を考えてみると良いだろう」

田中「なるほど。何だか見えてきました。一つ疑問なんですが、三つの条件に当てはまらないものを選んでも良いんですか？　例えば、現時点で合格判定がC

とかDのところを目指すとか」

先生「ファイナンスマインド的には、それはあまり得策とは言えない。**できるだけ早くゴールに達成できる選択肢を重視する**からだ。希望の年収を得るためには、希望の大学に行くために何年も浪人するよりも、早く大学で学び仕事を通してスキルを磨きキャリアアップしていく方が良いように思うよ」

田中「なるほど」

先生「もし、その選択肢や受験という大きなゴールの前にある〝小さなゴール〟にこだわりたいなら、期限を決めた方がいいかも。例えば、どうしても第一志望の大学に合格したいと考えた場合、2年間頑張っても合格できなかったら、滑り止めで受かった大学に行くとか」

田中「選択し直すかを見極めるタイミングを決めておくということですね」

先生「そうだね。ファイナンスマインドでは『現実的なゴール』も重視する。現代社会ではお金がないと実現できないことが多いからね」

田中「ゴールを早く達成することが重要なら、大学に通っている間に休学して世界一周したり、ビジネスに挑戦したりするのとかも、やめた方が良いんですか？」

先生「それは、場合によるだろうね。休学中にビジネスを始めた方が、ゴール達成が早まると考えたならそれもありだし」

田中「確かに。ある選択肢を実行中でも、別の選択肢が出てきたら、検討しても良いんですね」

先生「そう。それに、ゴールを遅らせてでも〝今の自分には必要〟と思うなら、世界一周旅行だって悪くないんじゃないかな。〝今しかできないことを優先する〟という判断の基準を持って行動するのもありだろう。ただ『**直感**』**だけで決めるのは、ちょっと危険**かな。よく考えてから決めないと、後から〝何でそんなことしたんだっけ〟となりがちだからね」

田中「そうか。具体的な夢がなくても数字から方向性が見えてくることもあるし、うまくいかなくても、決断しながらゴールや判断基準、その後の行動を修正すれば良いんですね」

先生「そうだね。就職活動や転職活動でも、同じように考えてみてほしい」

田中「わかりました。先生、ありがとうございます」

キャリアを見直す

3年後、都内にある居酒屋。都内の某理系大学を卒業した田中君は、ITベンチャー企業に就職し、エンジニアとして3年間働いてきました。ゴールに向かって順調のようですが、田中君がため息をついています。そこへ、再び先生が現れました。

先生「おや、田中君じゃないか。久しぶりだね。元気だったかい？」
田中「先生……お久しぶりです。実は仕事のことでちょっと……」
先生「どうしたんだい？」
田中「希望の仕事と年収が手に入る会社に就職したんですが、今度のボーナスが大幅カットされることになってしまって……」
先生「それはガッカリだな」
田中「それだけじゃないんです。大幅な人員削減が始まるらしくて。もしかしてうちの会社危ないのかなって……」
先生「なるほど……ちょっと見てみようか」

田中「何をですか？」
先生「君の会社の成績表だよ」
田中「成績表？」
先生「そうだ。これだな……ふむふむ。これは良くないな」
田中「どういうことですか？」
先生「まず、バランスシートでは、自己資本の部がマイナスになっている。これは債務超過の状態だね。それから損益計算書、こっちは営業利益が3期連続の赤字だ。本業で儲けが出ていないようだ。さらに、営業キャッシュフローが2期連続マイナス……資金繰りにも支障が出ているのかもしれない」
田中「なんかヤバそうですね……」
先生「ちなみに、この状況は田中君が就職した3年前から続いているようだ」
田中「そうだったんですね。リサーチ不足でした」
先生「正しい決断のために何が足りなかったのかを理解することは大切なことだよ」
田中「僕の3年間はムダになってしまうんでしょうか」
先生「過去を悔やんでも仕方がない。これからどうするか考えるんだ。リカバリーする方法を一緒に見つけよう」

田中「わかりました」

先生「今回はボーナスカットや人員削減というイベントがキャリアを見直すきっかけになったわけだけど、本当はもう少し定期的にチェックした方が良かったかも。例えば、今の業務内容について思うところなんかはあるかな？」

田中「正直、同じような案件や業務が多くて……。トップダウンだから、若手は意見も言いにくいし、新しいことにチャレンジする社風でもないようです」

先生「そうか。就職というゴールを達成した後も、半年〜1年ごとに、自分自身の働く環境を見直した方が良い。会社の業績はどうか、どんな事業展開をしているか、自身はどんな仕事をしたか、どんなスキルが身に付いたか、どれくらい収入が上がったか。会社と自分の成長率を時系列と数字でチェックしよう」

田中「日々の仕事に追われて、うやむやにしていましたね……」

先生「受験でも就活でも、**決断した後はゴールにどれくらい近づいているかチェックが必要**だ。チェックの結果をもとに、新たに決断することができるんだ」

田中「わかりました。とりあえず、今の状況を整理します」

先生「そうだね。今回のことで、キャリアに関するいろいろな課題が見えてきたはずだ。田中君が〝解決したい〟と思っていることをまとめて、次のキャリアのゴールを考えよう」

自分の「市場価値」を知る

数日後、同じ居酒屋のカウンター。いろいろ考えた結果、田中君は転職を決意しました。先生がアドバイスしてくれます。

田中「先生、僕はやっぱりエンジニアとして活躍するために、もっと幅広い業務に挑戦できる会社に行きたいと思います」

先生「うん。よく決断したね」

田中「はい。でも何からしたら良いのか……。受験は成績やテストの点数で自分のレベルがわかるけど、会社にいるとよくわからなくて」

先生「就職や転職においては、まず**自分の『市場価値』を知る**こと。条件の良い職場で働きたいという気持ちはわかるけど、企業も優秀な人に来てもらいたいはず。厳しい言い方をすると、採用側にとって求職者は採用マーケットで売り買いされる『商品』とも言えるよね」

田中「結構シビアな見方ですね」

先生「そうだね。でも、数字によって客観的に自分を眺めることは適切な決断をする上で大切だよ。自分を『会社に付加価値とお金を生む貴重な人材』と捉えてみよう。『会社でどれだけの期間に、どれだけのキャッシュ（儲け）を生むことができるか』という自分の未来の価値を考えるんだ」

田中「自分の能力を冷静に判断するために欠かせないことなんですね」

先生「そう。**自分の価値を知るには割引率が必要**になる」

田中「割引率？」

先生「割引率は一言でいうと、未来に対する『不確実性』を加味した数字（r：ディスカウントレート）だ。会社における自身の継続性や成長性のリスクを考慮して、君のその会社での将来の稼ぎ（CF：キャッシュフロー）を割り引

自分の現在価値の求め方

$$\text{あなたのビジネス上の現在価値PV} = \frac{\text{あなたのこれからの稼ぎCF（将来キャッシュフロー）}}{\text{「不確実性」を織り込んだ割引率 r}}$$

く。すると、自分の現在価値（ＰＶ：プレゼントバリュー）が表わされる」

田中「それはどうやって数値化するんですか？」

先生「インフレ率とリスクから算出するんだが、まずは５〜10％で仮置きしておいてもいいだろう。一方、採用企業にとって、田中君の価値は未知数なので不確実性が高くなりがちだ。よって、履歴書や面談時にしっかり自分の仕事上の実績を具体的に説明し、採用側にとっての君の割引率を下げさせる必要がある」

田中「へえ。転職先の候補を考えるときにも使えそうですね」
先生「その通り。応募先が上場企業なら、株価を競合他社と比較することで、企業価値を見極めることができる。上場企業でない場合、精度は落ちるが、ホームページなどの公開情報から予測されるキャッシュフローを算出し、割引率はインターネットで調べた業界平均から設定することで可能だ」
田中「なるほど。自分のできることをスキルの内容と割引率で表して〝得意なこと・やりたいこと・求められることの三つの条件に当てはまるか〟〝企業価値は上がるか〟などから転職先を考えるんですね。でも、一つ疑問があるんですが……」
先生「何だい？」
田中「転職先を決めるとき、新たなスキルの習得と年収ならどちらを優先するべきなんですか？　例えば、年収は下がるけど今までできない仕事ができる会社と、仕事の内容はあまり変わらないけど年収は上がる会社があったら？」
先生「状況やゴールにもよると思うけど、自分の市場価値がより上がる方を選んだ方が良いんじゃないかな。それぞれの会社の職種について、過去5年間の年収の変化から成長率などを割り出して、どちらが今後伸びていきそうか、未来の価値を比べてみたら良いんじゃないかな」

田中「なるほど。変化が激しい時代に対応できるように、常に自分の市場価値を上げておかなければいけないわけですね」

先生「そう。いつもファイナンスマインドでキャリアを考えていれば、自分のスキルを生かした効率の良いキャリアアップにつながるはずだよ」

「パートナー」を考える

一緒に働く人を選ぶ

都内のマンション。半年後、ひとまず転職活動が落ち着いた田中君は、大学の同級生の安田君の家に遊びに来ました。

安田君は会社勤めをしながら、イラストレーターの副業をしています。最近忙しくなって、一人では手が回らなくなってきました。誰か手伝ってくれる人が欲しいけれど、どうしたら良いかわからず悩んでいます。

田中君はファイナンスマインドを使って考えてみることにしました。

田中「安田君は将来的に、独立したいと考えているの？」

安田「そういえば、ちゃんと考えたことなかったな……」

田中「今後どのくらいの規模で仕事をしたいかによっても、どの形態で人を雇うのか違ってくると思うよ」

安田「そっか、正直ここまで仕事が増えると思っていなかったから。……そうだな、今はいつか小さくてもいいから事務所を構えたいかな」

田中「いいね。でも、しばらくは会社員を続けるのかい？」

安田「そうだね。開業資金もいるし」

田中「それなら、外注するっていう手もあるんじゃないかな」

安田「確かに。それなら採用の手間も省けるよね」

田中「社員だとすぐに辞められたら困っちゃうよね。採用の面接でも〝当社で何を実現したいか〟〝当社の成長にどのようなかたちで貢献できるか〟とか、中長期ビジョンで語れる人か見ないといけないだろうし、アルバイトの場合は、半年～1年の短いスパン（雇用期間）で考えて、期待するアウトプットがコスト（人件費）に見合うものかを考察する必要があると思う。人の能力を見極める目が必要かな……」

安田「おいおい、田中君。急にどうしたんだい!?」

田中「最近、ファイナンスマインドの視点から、物事を考えるようにしているんだ。物事の未来の価値をお金で考える思考法なんだよ」

安田「なるほど。今の話を聴く限り、僕には現状そこまでの採用スキルはないかな……」

田中「そうなると、リスクは大きいよね」

安田「まずは知り合いのイラストレーターさんや、リモートで対応してくれそうな人を探そうかな」

資金調達先を選ぶ

3年後、安田君は勤めていた会社を退社して、デザイン事務所を立ち上げることに決めました。開業には資金が必要です。どこから調達すべきか、田中君に相談することにしました。

安田「自己資金はある程度蓄えているんだけど、やっぱり将来何かあったときに心配なんだ」
田中「そうだね。もしものときのために、自由なお金は用意しておいた方が良いと思う。ところで銀行の融資は受けられそうなの？」
安田「今申請中なんだ。ダメだったときのために、出資してくれるビジネスパートナーも検討したいんだ」
田中「なるほど。めぼしい人はいるのかい？」
安田「何人か、知り合いを中心に当たろうと思っているんだけど、何を基準にしたら良いかわからなくて……」
田中「難しいなあ。そうだ！　知り合いの先生に電話して聞いてみよう」
安田「いいのかい？　ありがとう！」
田中「もしもし、先生！　田中です。お久しぶりです。今大丈夫ですか？」
先生「田中君久しぶりだね。どうしたんだい？」
田中「実は友達が起業するんですけど、どんなふうにビジネスパートナーを選んだら良いか悩んでいて……」

投資ファンドのしくみ

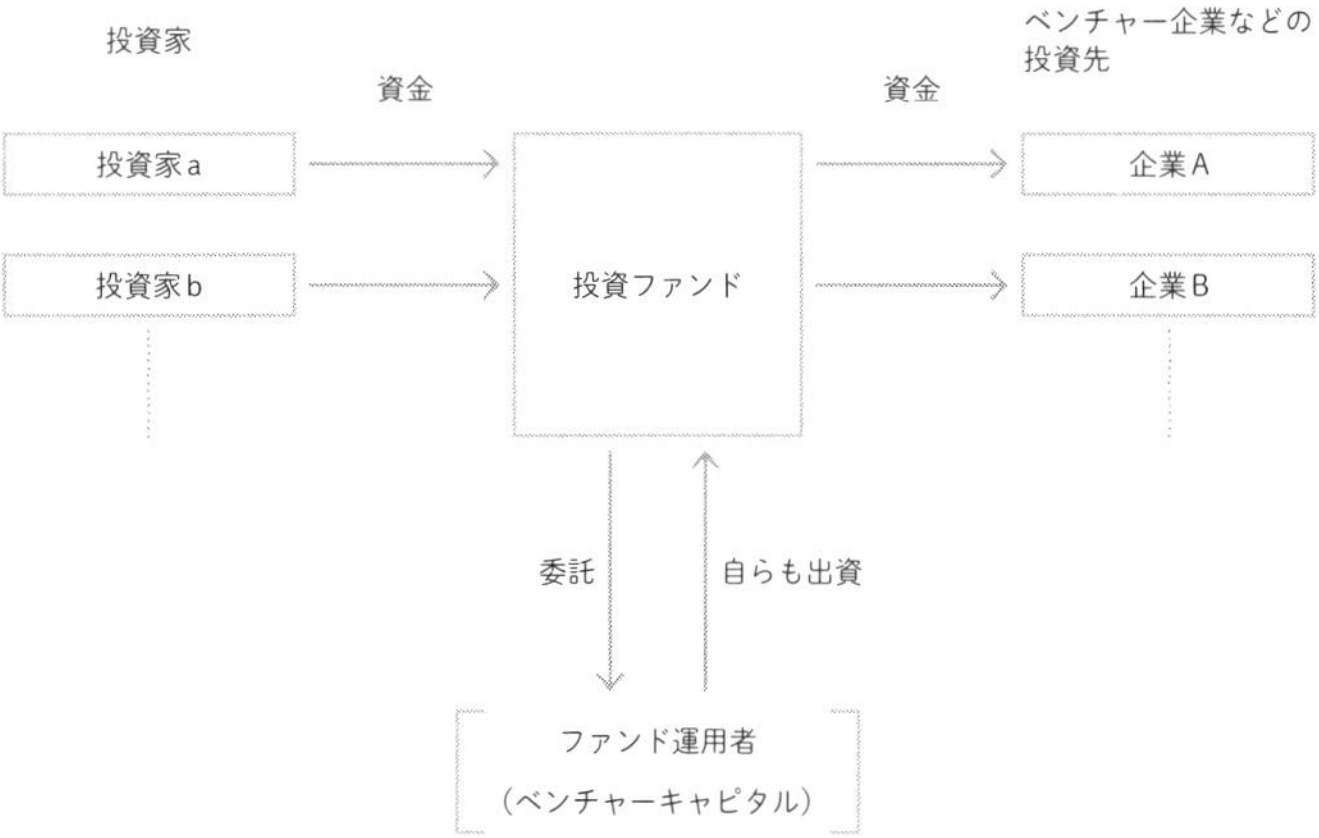

先生「そうか。可能なら、候補者の過去の投資実績を本人か付き合いのある人物に聞くことで、そのパートナーの取り組み方針がわかるはずだよ。例えば（ＩＰＯやＭ＆Ａによる）投資資金の回収を短期で求めるタイプか。もしくは、中長期のスパンでみるタイプ、つまり、長い目で付き合ってくれるのかとかね」

田中「なるほど。投資家は自己資金で投資している人もいるけど、投資ファンドの先にはさらにそのファンドに投資している投資家がいるので、いつまでにお金を返さなければいけないか、によってどれくらい収益を得なければいけないか変わってきますよね」

先生「そうだね。見込める収益によって、出資条件を検討する必要があるとも言えるね。また、ただ資金を出すだけではなく、経営の助言など『ハンズオン』で支援をしてくれて、間接的にも投資先の企業価値を上げることに積極的というのも大切な要素かもしれないね」

田中「確かに。初めて起業する人にとってはそういう出資先の方が安心ですよね」

先生「その通り。パートナーが見つかることを祈っているよ」

田中「ありがとうございます！」

結婚相談所で結婚相手を選ぶ

都内の某カフェ。安田君の開業資金の相談にのった数日後、田中君は幼馴染の優子さんに呼び出されました。優子さんは何やら思い詰めた様子です。

田中「久しぶり。何か元気ないね。どうしたの？」
優子「うん。実はね、私、結婚相談所で婚活してるの。それで今二人、いいなって思っている人がいて……」
田中「それは良かったじゃない」
優子「全然良くないの！」
田中「えっ？」
優子「どっちの人と結婚したら良いかわからないの！」
田中「そんなこと言われても……」
優子「お願い、田中君！　一緒に考えて！」
田中「わ、わかったよ。まず、二人の年齢とか職業、性格とかを教えてよ」
優子「ありがとう！　一人目の赤坂さんは、10歳年上の40代で読書や映画鑑賞が好きな優しくて穏やかで真面目な人。二人目の青井さんは、2歳年下で明るくて元気がよくてチャレンジ精神旺盛な人。スポーツやアウトドアが趣味なの」
田中「なんか……正反対な二人だね」
優子「そうなの。二人ともそれぞれ魅力があって……だから決められないの！」

田中「そ、そう。ところで、そもそも優子はどうして結婚したいの？　結婚してどんな生活を送りたいの？」

優子「えっ。急に何？」

田中「大事なことだよ。二人の人柄を比べてどっちにしようか悩むより、結婚の先のゴールを決めた方が、どちらが優子の結婚に相応しいか見えてくるはずだよ」

優子「なるほど。田中君、高校卒業までぼーっとしている感じだったのに……的確な意見でびっくりだわ……」

田中「そ、そう。で、結婚を考え始めたきっかけは？」

優子「私の両親は結婚が遅かったから、二人ともいい年なの。安心してもらいたいし、孫の顔も見せてあげたいし。それに、すぐには必要ないと思うけど、介護のこととかも考えたら、そろそろと思って」

田中「そっか。子どもは何人欲しいとか。どんな家に住みたいとか。仕事は続けたいとか、結婚後の希望とかあるの？」

優子「そうね……。子どもは2~3人は欲しいかな。みんな大学まで行ってほしいし。仕事は絶対続ける。家は都心から少し離れても良いから、静かで広めの家を買いたいな。親の面倒もできるだけ家で見てあげたいし。それがどうかしたの？」

田中「なるほどね……。じゃあ、優子の結婚生活にいくらかかるか、結婚相手候補の二人が将来どれくらい稼ぐ可能性があるのか、ちょっと計算してみようよ」

優子「計算って……将来のことなんてわからないじゃない。病気とかリストラとか倒産とか……」

田中「確かに、完璧には予想できないけど、現在の年収、勤務先の業種や財務状況から、ある程度類推できるんだよ。堅実タイプかギャンブラーかとか、相手の性格からも想像できるよ」

優子「そうかもしれないけど……。それにしても、相手の将来の稼ぎを計算するなんて、何だか気が引けるわ」

田中「でも、理想の生活に『お金』は欠かせないよ」

優子「そうだけど……」

田中「それに、相手の経済力を測るのはビジネスの世界でもよくあることだよ。M

&Aは企業の将来キャッシュフローの総額を金利とリスクを勘案した割引率で差し引いた現在価値を見て、買いか否かを判断するんだ。会社同士の結婚のようなものさ」

優子「何かいきなり難しい話になってきたわね……」

田中「とにかく、結婚もM&Aも、ダラダラ悩んでいるとチャンスを逃しちゃうよ！　優子の場合は、今後の両親との生活にも関わってくるんだから。パートナーの選択に迷ったら、相手の将来価値から判断する手もありじゃない？」

優子「……わかった。その計算のやり方、教えてくれる？」

田中「もちろん！」

お金と相性、どっちを取る？

田中「二人が将来歩むキャリアによってかなり差が出てくると思うけど、インターネットで業界平均値を調べたり、今の年収と残りの勤続年数からベースアップ年1・5％程度で計算したりして、総合的に判断してみるといいんじゃないかな」
優子「なるほど」
田中「二人は本業の他に収入はあるの？」
優子「赤坂さんは公務員だから副業はできないけど、退職金はしっかりもらえそうよ。青井さんはベンチャー企業に勤めていていずれは独立したいって話しているから、長期投資だけでなくて株とかいろいろやってるみたい。時々失敗もするみたいだけど」
田中「ちなみに、優子は今何の仕事をしてるの？」
優子「私は雑誌の編集のアシスタントをしているわ」
田中「失礼だけど、年収ってどれくらい？」
優子「今3年目で、300万円くらい。もっと稼ぎたいから、頑張って働いているよ。iDeCoとNISAで将来に備えているわ」
田中「さすが、優子はしっかりしてるなあ。僕も見習わないと……」
優子「それより、この後はどうすれば良いの？」
田中「ごめん、ごめん。次は優子の結婚生活にかかるお金を計算しよう」

優子「何から考えたら良いのかしら……家の購入費と維持費、子どもの教育費、親の介護、自分の老後資金……。いろんなことを想定しておかないといけない気がする。介護期間だけでなく、在宅かホームかとか……」

田中「そうだね。とりあえず、何パターンがプランを立ててみる必要があるね」

優子「家は都内でなくてもいいわ。でも、3000〜4000万円は必要かもね。家のメンテナンスって生涯でいくらくらいかかるのかしら？　教育費は一人2000万円として、三人大学に行ったら6000万円か……」

田中「二人の年収からだと、ちょっと厳しいかもね。二人のどちらかをパートナーに選びたいなら、子ども二人で考えてみるか、住む場所や家の値段を見直すかだね」

優子「介護のことも考えて、家の機能性を重視したいわ。子どもは一〜二人で見直してみる……。けど、何だかだんだんわからなくなってきたわ……」

田中「結局のところ、決断って後にならないと、正しかったかどうかわからないんだ。仕事も結婚も同じだと思う」

優子「そうかもしれないけど、失敗したらと思うと……不安だわ」

田中「大きな決断になると、なかなか引き返せないからね。新たに決断するには大変な労力が必要になるし……。でも、二人で同じゴールを目指そうっていう気持ちがあれば何とかなると思うんだ」
優子「どういうこと？」
田中「僕も最近転職したけど、すべて期待通りってわけじゃない。でも、それは雇った側からしても同じことだと思うんだ。お互いの足りないところを補い合って、同じゴールに向かって、決断を『正解』にしていくって考えもあると思うよ」
優子「そうね。もう少し二人とよく話してみて、決めることにするわ」
田中「うん。頑張ってね」

ライフプランを考える

人生にかかるお金を考える

優子さんの結婚相手選びの相談に乗ってから、田中君は自分の将来のことも考え始めました。「これもファイナンスマインドで考えられるのでは?」と思った田中君は、早速先生に会いに行きました。

先生「やあ、田中君よく来たね」

田中「お忙しいところ、すみません」

先生「構わないよ。将来のお金について心配があると言っていたね？」
田中「そうなんです。この間友達の相談に乗っていて、自分もちゃんと考えなきゃと思って。10年、20年、30年と先の未来の生活にどれくらいお金が必要なのか、どうやってそのお金を準備すれば良いのか……」
先生「老後のことになると、若いときはなかなか想像しにくいだろう。暗いニュースに惑わされて、怪しい投資話に乗ってしまう……。なんてことのないようにしたいね」
田中「そうですね。でも、何から考えて良いかよくわからないし……」
先生「前に話したことを思い出してごらん。まずはゴール設定をしよう。進学や転職と同じように、どんな老後を過ごしたいかというゴールが必要だ。大きなことを決めるときは、小さなことから一つずつ判断していけば良いんだ」
田中「そうでしたね！」
先生「それから、いくつかプランを考えてみよう」
田中「プラン？」
先生「そう。この先、結婚した場合と結婚しなかった場合、子どもが生まれた場合と生まれなかった場合、自身の定年前に両親の介護が必要になった場合と自身の定年後に両親の介護が必要になった場合、生涯独身で大出世した場合、そこそこのポジションまでいけた場合、全く出世しなかった場合など、人生のシミュレーションをして、いつどれくらいお金が必要になるか予想して、対策を考えるんだ」

田中「なるほど。結婚相手を考えるときと似ているな……」

人生の大きな出費について考える

田中「プランを立てるときのポイントってあるんですか?」

先生「そうだね。人生には三つの大きな支出があると言われる。『教育』『住宅』『老後』だ。さらに『保険』『生活費』にも、かなりのお金がかかる。この五つの要素を中心に、パターンをいくつか考えてみると良いだろう」

田中「僕は今賃貸に住んでいるんですけど、結婚したら自分の家がほしいです」

先生「住宅の購入と賃貸はよく議論されているね。住宅の購入と賃貸には、それぞれメリットとデメリットがある。まずは、なぜ家がほしいのか、そのためにどんな家がほしいのか、よく考えることだね。もしかしたら、目的を果たすには賃貸で良いっていう結論になるかもしれないよ」

田中「自然環境があるところで、子どもを育てたいんですよ。子どもに資産として残したいっていうのもあります」

先生「そういう人は多いね。ただし、住宅は基本的に時が経つにつれて価値が下がっていくし、維持費もかかる。都市部に比べると買い手が付きにくいこともある。将来売却することを考えて、土地の将来価値も見越して買うことも考えた方が良いかもしれないね」

田中「確かに。老後のことも考えるなら、少しでも価値が高くなるものにした方が良いのかも」

先生「新築か中古か、マンションか戸建てか、どのタイプの住宅ローンにするのか、といった点でも考える必要があるね。どれくらい自己資金を用意できるのか、定年までにローンを払い切るには、月々の支払いはいくらくらいになるのか、キャッシュフローをしっかり踏まえておかないとお金が足りないなんてことになってしまうね」

田中「うわ〜！　調べなきゃいけないことがたくさんあるぞ」

先生「大きな支出に関わる決断は、情報収集が大切だよ。周りで家を購入した人と借りている人に話を聞いて、反省点を聞くことも必要だね」

田中「そうですね。もし物件を買った後で、もっと良い条件の物件を見つけてしまったときは、どうしたら良いんでしょうか」

先生「状況にもよると思うけど、一つ目の物件の購入にかかったお金も、本当に良い物件を手に入れるための『コスト』として捉えて、より良い物件の購入も検討した方がいいと思うね」

田中「なるほど。まだ先のことかもしれませんが、今のうちからいろいろ調べて、考えておいた方が良さそうですね」

先生「そうしたプランをパートナーと早い段階でしっかり話し合っておくことも大切だよ。住宅以外の要素についても、同じように考えてみてね」

投資のリスクを小さくする

田中「いろいろな事態を想定しておく大切さはわかるんですけど、どうやって対策していけば良いんでしょうか」
先生「いろいろ方法は考えられるけど、将来の資金支出に備えるためのなんらかの投資活動は必要だろうね」
田中「投資って、株とかですか？」
先生「そうだね。貯金だけじゃ、老後資金を賄えないと言われているからね」
田中「でも、株価は上がったり下がったりリスクが大きいんじゃ……」
先生「リスクは分散すれば良いんだ。投資には金利変動リスク、信用リスク、価格変動リスクなどいろいろなリスクがあるが、それらをゼロにしようとせず、小さくすることを考えよう」
田中「どういうことですか？」
先生「株だけでなく債券を買ったり、別の業界の株をいくつか買ったり、投資先をわけることで、値動きの幅を小さくすることが一つ考えられるね。例えば、保有期間と金利が決まっている債券であれば、期間中に売買が可能だ。価格が下がってきたら、満期前に売ってしまうということもできる。リスクとリターンのバランスを取るように投資するんだ」

田中「なるほど。理屈はわかりますけど、自分で選ぶのは大変そうですね」

先生「田中君のように投資に慣れていない場合、まずは投資信託から始めてみたら良いんじゃないかな。グローバルベースでのリスクヘッジを考えると、外国株のインデックスファンドも良いかも。投資信託はプロのファンドマネージャーがその辺のバランスを考えて投資してくれる」

田中「それは助かりますね」

先生「ただ、あくまで投資だからマイナスになることも考えないといけないよ。投資のリスクを減らすためにも、投資にはすぐに使う予定がないお金をあてよう。日々の生活費やケガや病気といった突発的な出費のためのお金は使ってはいけないよ」

田中君「投資におけるリスクの分散には、いろいろな方法があるんですね。とても参考になりました」

おわりに

最後までお読みいただき、ありがとうございます。

ファイナンスマインドによって、豊かな人生を送ることにつながると納得していただけたのではないでしょうか。


それとも、まだ不安を感じている人もいるでしょうか。

大丈夫です。私は今でこそ、某メガバンクでファイナンスに関わる業務を行ったり、セミナーの講師を務めたりしていますが、以前は目先の誘惑に逆らえず、毎晩お酒を飲んでダラダラしてしまったり、読む価値のない新聞の定期購読を何となく続けていたりしました。

若い頃からいつも未来の価値を考えて、行動できていたわけではないのです。

しかし、少しずつ考え方を変えて実行に移していくことで、自分にとって大切なことを選び取ることができるようになりました。

ファイナンスマインドによって、リスクに備えるクセが付いてからは、人生でチャンスがやってきたとき、正体不明の不安に悩まされて現状維持を選んでしまうこともなくなったのです。

時代の流れや環境、条件、そういったものは変えられなくても、ゴールに向かって自分の行動を選び直すことはできます。

新型コロナウイルスによって、自分の人生について改めて考えた人も多いと思います。ファイナンスマインドによって決断力を上げることで、先が見えない状況をチャンスに変えることができるかもしれません。

どんなときもファイナンスマインドを忘れないでください。

多くの方が自分らしく豊かな人生を送れるように祈っています。

参考文献・おすすめ参考書

①西山茂著『出世したけりゃ 会計・財務は一緒に学べ！』（光文社）

表題通り、ビジネスパーソンにとって必須スキルである、会計とファイナンスの学習ポイントをコンパクトにまとめた良書です。会計とファイナンスの違いや、両者の接点を一緒に学ぶのに最適です。

②石野雄一著『ざっくり分かるファイナンス～経営センスを磨くための財務～』（光文社）

この本はファイナンスの基本的な考え方や、必要最低限のファイナンスワードについて丁寧かつ詳しく説明してくれています。本書では詳細に説明しなかった、企業財務の世界での「割引率」や「現在価値」を理解する上でとても参考になると思います。

③グロービス経営大学院編著『グロービスMBAファイナンス』ダイヤモンド社）
こちらもコーポレート・ファイナンスの入門書になりますが、②よりも詳しく網羅的な内容になっていますので、最初からしっかり学びたい方は、こちらから読み始めても構いません。

④リチャード・A・ブリーリー著『コーポレート・ファイナンス　第10版　上下巻』（日経BP）

⑤マッキンゼー・アンド・カンパニーほか著『企業価値評価　第6版　上下巻』（ダイヤモンド社）

⑥森生明著『バリュエーションの教科書』（東洋経済新報社）

さらにファイナンスをしっかり学びたい方には、右の3冊をお勧めします。
④・⑤は重版を重ね、多くの経営大学院でも読み継がれてきたファイナンス理論のベストセラーです。私も大学院の仲間と読書会で④を読み、学びを深めました。
⑥の著者は実務経験者です。M&Aや事業再生に踏み込んだ実践的な内容になっています。

而二不二（ににふに）

「ファイナンスの力で日本のビジネスパーソンを元気にする！」銀行員兼、業務プロセスコンサルタント兼、スタートアップ起業家メンター。

現在、国内メガバンクにて本部法人支援部門の部長職。

主に法人営業担当として上場先、地方公共団体、ベンチャー企業まで500社以上を担当し、2000社以上の資金調達、上場支援、M&A仲介支援を行う。不良債権の回収専担や企業間決済システムの企画プロジェクト等での推進リーダーも歴任。

AIやRPA等新たなテクノロジーを使ったソリューションプロダクツ開発にも従事。

銀行内外でのセミナー講師もこなす。

若手ビジネスパーソン向けにファイナンスなどのプライベートセミナーを開催。多くの悩めるビジネスパーソンのサポートを行う。

併せて若手起業家の育成支援、資金調達の相談等の活動にも携わっている。


何でそれに決めたの？

ビジネスから日常まで、迷ったときのファイナンス思考

2021年8月24日　初版発行

著　者　而二不二
発行者　野村直克
発行所　総合法令出版株式会社
〒103-0001 東京都中央区日本橋小伝馬町15-18
EDGE小伝馬町ビル9階
電話　03-5623-5121
印刷・製本　中央精版印刷株式会社

ISBN 978-4-86280-814-1
総合法令出版ホームページ　http://www.horei.com/